NOUVELLE

GRAMMAIRE FRANÇAISE

MISE EN VERS,

Par P.-L. Chavignaud,

Ex-maître de pension, ancien professeur à l'Institut Rollin et auteur
de plusieurs ouvrages.

La Grammaire, qui sait régenter jusqu'aux Rois,
Et les fait, la main haute, obéir à ses lois.
MOLIÈRE.

Quatrième édition revue et corrigée.

TOULOUSE,

DELSOL, IMPRIMEUR-LIBRAIRE,
rue Tamponnière, 10.

—

1843.

PRÉFACE.

Le public me saura gré, sans doute, d'apporter des améliorations à l'étude d'une langue hérissée de difficultés.

— C'est un sujet bien peu poétique que les principes de notre langue, et les vers doivent être bien mauvais !

— Donnez-vous la peine de les lire, Messieurs les critiques, suspendez votre jugement, et ne prononcez qu'après avoir examiné.

— Un littérateur a mis les Cinq Codes en vers : il a montré son génie; mais qu'est-il résulté de favorable à l'intelligence des lois !

— Il serait difficile de donner plus de clarté aux lois : il n'en est pas de même de la Langue Française; et, si je l'ai mise en vers, ce n'est que pour en faciliter l'étude. Chacun sait que les vers sont plus aisés à retenir que la prose.

Un second motif, c'est que la plupart des
Grammairiens ne donnent que des mots, sans
indiquer la manière de les employer. Chacun
de mes vers contient un mot essentiel de la
Grammaire, et la pensée développée fait connaître dans quelle acception on doit le prendre.

Ainsi, non seulement les difficultés de la
langue sont expliquées, elles se montrent sans
cesse aux yeux du lecteur, qui ne peut s'em-
pêcher de graver dans sa mémoire les exemples
nombreux qui viennent à l'appui des principes.
Ce ne sont pas seulement des règles, ce sont
des devoirs tracés, qui peuvent dispenser l'é-
lève d'un travail pénible, en lui montrant ce
qu'il importe de savoir, pour écrire avec pu-
reté sa langue maternelle.

INTRODUCTION.

Je vais écrire en vers, lecteur, ne t'en déplaise,
Les préceptes savans de la Langue Française :
Je veux, en les traçant dans ce fidèle écrit,
Les graver sans effort dans ton douteux esprit ;
Vaincre les préjugés, malgré ta rhétorique,
Et réduire au néant la mordante critique.
De la docte raison daigne écouter la voix,
Et suis, sans murmurer, ses bienfaisantes lois.
Il faut, sans plus tarder, en bravant la satyre,
T'apprendre à bien parler, ainsi qu'à bien écrire ;
Je vais donc de ce pas, jusqu'au sacré vallon,
Invoquer pour toi seul le savant Apollon.

DES PARTIES DU DISCOURS.

Dix mots font le discours : distinguons bien le *Nom* ;
L'*Article*, l'*adjectif*, ainsi que le *Pronom* ;
Et le *Verbe* et l'*Adverbe*, avec le *Participe* ;
La *Préposition* offre aussi son principe,
Et leur utile accord par la *Conjonction*,
Pour devenir parfait, veut l'*Interjection*.

CHAPITRE PREMIER.

DU NOM.

Le *Nom* sert à nommer la personne ou la chose :
On le voit figurer soit en vers, soit en prose.
On en distingue deux : le *propre* et le *commun ;*
Ils vont être indiqués, et connus de chacun :
Le nom *propre* est celui qui s'applique aux familles,
Qui sert à désigner les fleuves et les villes.
Tels sont : *Adam*, *César*, *Rousseau*, *Napoléon*,
Philippe, *Ménélas*, *Marc-Aurèle*, *Caton* ;
Paris, *Londres*, *Berlin*, *Madrid*, *Rome* et *Venise*,
La *Gironde*, le *Rhin*, la *Seine* et la *Tamise*.
Le nom *commun* convient à différents objets,
Qui, semblables entr'eux, offrent plusieurs sujets :
Homme, *cheval*, *maison*, *histoire*, *tabatière*,
Étendard, *parasol*, *écrivain*, *jardinière*.
Il faut bien distinguer du genre masculin
Les noms qui sont classés au genre féminin :
L'homme, le *tourtereau*, la *femme*, l'*écrevisse*,
Le *lion*, le *cheval*, le *taureau*, la *génisse*.
Masculin *un* ou *le* démontre les premiers ;
Féminin *une* ou *la* désigne les derniers.
Le nombre singulier n'indique qu'une chose,
Et le pluriel, plusieurs ; chacun en sent la cause.

FORMATION DU PLURIEL DANS LES NOMS.

Pour former le pluriel, on met *s* à la fin,
Et ceci doit fixer le douteux écrivain :

Le jardin, *les jardins*; *l'image*, *les images*;
La vertu, *les vertus*; et *le sage* et *les sages*.
Les noms, au singulier par *s* terminés,
X et *z*; au pluriel, sont toujours discernés;
C'est une exception que chacun doit connaître,
Et qu'il faut distinguer en la voyant paraître.
Mettez *le fils*, *les fils*, toujours vous le devez,
Et *la voix* et *les voix*, et *le nez* et *les nez*.
En *au*, en *eu*, en *ou*, que le nom s'examine
Car il faut au pluriel qu'un *x* le termine.
Ainsi l'on écrira : *le bateau*, *les bateaux*;
Le cheveu, *les cheveux*; *le chapeau*, *les chapeaux*;
Le genou, *les genoux*; mais il faut que le maître
Les grave en votre esprit, en les faisant connaître;
Car quelques noms en *ou* s'en écartent souvent :
On dit *un trou*, *des trous*, *des clous*, cela s'entend.
Un filou, *des filoux*; pour un, j'en trouve mille,
De trop d'exceptions notre langue fourmille.
On est charmé de voir des *yeux bleus* s'entr'ouvrir;
Le cœur à leur aspect est prêt à s'attendrir.
Par fois les noms en *al* en *s* se terminent;
En *aux* le plus souvent on les voit qui dominent.
On dira *le cheval*, au pluriel *les chevaux*;
De même le *travail* fait au pluriel *travaux*.
Deux ou trois *éventails* servent à ma maîtresse;
Or les exceptions se retrouvent sans cesse.
C'est ainsi qu'on écrit *un portail*, *des portails*;
Vous vendez en *détail*, vous donnez *des détails*.
Ce beau *ciel* est parfait, et plus je l'examine,
Plus j'admire de Dieu la science divine.
Votre *œil* est clairvoyant; l'azur brillant des *cieux*
S'aperçoit chaque fois que vous ouvrez les *yeux*.
Votre *aïeul* a passé pour un fort galant homme,
Ses *aïeux* figuraient même à la cour de Rome.

On supprime le *t* dans tous les mots en *ant*,
Ainsi que dans tous ceux qui finissent en *ent*;
Excepté dans les mots qui sont d'une syllabe,
Et voilà ce qui rend souvent la langue arabe.
On dit : un *gant* de peau, rendez-moi donc mes *gants*.
Une *dent* m'est tombée, ah! que j'ai mal aux *dents*!
Que ce *charmant enfant* a de goût pour apprendre!
Ces *enfans ignorans* ne peuvent rien comprendre!
Nous devons bien aimer nos généreux *parens*;
C'est le devoir sacré des cœurs *reconnaissans*.

CHAPITRE II.

DE L'ARTICLE.

L'*Article*, petit mot, qu'on voit par fois paraître
Devant les noms communs, est facile à connaître.
Le, *la*, *les*; et chacun peut bien les retenir.
Du genre masculin *le* vient nous avertir;
Le genre féminin, c'est *la* qui le désigne,
Les, pour les noms pluriels, en est la marque insigne.
On dira *le* berger, *le* soldat et *le* roi;
La liberté, *la* paix, *la* patrie et *la* loi;
Les bergers et *les* rois, *les* grandeurs les divisent;
Les lois, *les* libertés, trop souvent se détruisent;
Mais *du*, mis pour *de le*, s'appelle composé.
Ainsi qu'*au*, pour *à le*, dont l'art a disposé.
Des, écrit pour *de les*, adoucit le langage,
Aux, placé pour *à les*, doit avoir l'avantage
On dira : l'eau *du* fleuve a des propriétés;
Au fleuve ces soldats se sont vus arrêtés.

Du roi que vous servez admirez la clémence !
Des braves, vous savez qu'ils sont communs en France.
Aux soldats valeureux, *aux* généreux mortels,
Aux martyrs il nous faut élever des autels.
L'*e*, l'*a* sont élidés devant une voyelle,
Ou bien une *h* muette et la règle est formelle.
On dit : *l'ami*, *l'argent*, *l'histoire*, *l'horison* ;
L'amiral, *l'encensoir*, *l'horloge*, *l'oraison*.

CHAPITRE III.

DE L'ADJECTIF.

L'*Adjectif* est au nom d'un secours salutaire,
Donnant la qualité qu'il lui croit nécessaire ;
Il s'accorde avec lui ; cet ami complaisant
S'assujéttit aux lois dont il est l'instrument.
J'admire l'incarnat de cette *belle* rose ;
Sur ce gazon *fleuri* mollement on repose.
Cueillons de *belles* fleurs dans ce vaste jardin ;
De mets bien *délicats* composons le festin.
Ce ministre est *prudent*, cette dame est *prudente* ;
Cet enfant est *méchant*, sa sœur est plus *méchante*.
Vrai dans tous ses discours, cet homme est très-*poli* ;
Ce garçon me déplaît, malgré qu'il soit *joli*.
C'est une chose *vraie* ; elle est, ma foi, *polie* ;
Son air modeste et doux la rend bien plus *jolie*.
Je pris un mouchoir *blanc* pour m'essuyer les yeux.
C'est un homme peu *franc*, il n'en agit pas mieux.
Je m'étais, ce jour-là, mise en percale *blanche* ;
Je le fis à dessein, je le dis, je suis *franche*.

Il me dit d'un ton *sec* : que viens-tu faire ici ?
Je ne répondis rien à ce cœur endurci.
Pliez votre chemise, elle est je crois bien *sèche*.
La lampe s'obcurcit, il lui faut une mèche.
Il est *vif, bref, naïf,* et son cœur généreux,
Se plaît, en tous les temps, à faire des heureux.
Elle est *brève* par fois, et souvent un peu *vive ;*
Je lui pardonne bien, car elle est si *naïve !*
Il faut pour plaire au roi, plaire à son *favori.*
Ce discours est trop *long,* on en a beaucoup ri.
Du sultan vous voyez l'esclave *favorite,*
Sa *longue* chevelure a pour lui du mérite.
Le choléra-morbus est un venin *mortel.*
Néron fut de tout temps un empereur *cruel.*
Que je plains l'insensé qui croit l'âme *mortelle !*
Vous le laissez en butte à sa peine *cruelle.*
Dieu seul est *éternel,* nous tous devons mourir :
L'*éternelle* bonté ne doit jamais finir.
Son teint paraît *vermeil,* et sa bouche est mi-close :
Sur sa lèvre *vermeille* on croit voir une rose.
Je prononçai mes vœux au pied du Saint Autel.
Et je fis de l'aimer le serment *solennel.*
La fête est *solennelle* et même de famille.
Son portrait est *gentil,* mais elle est plus *gentille.*
Pour se fier à vous, il faudrait être *fou ;*
Vous croyez cet œuf dur, je vous dis qu'il est *mou.*
Ce crédule vieillard écoute cette *folle.*
Vous serez bien couché, car la coîte est très-*molle.*
Mais cet homme s'endort sur un trop *fol* espoir.
Voulez-vous mettre encor votre *vieil* habit noir ?
Dans ce *mol* abandon il se berce sans cesse.
Ce *nouvel* attirail nous montre sa noblesse.
Rien ne vaut, selon moi, votre amour *filial.*
Rien ne peut égaler ce trait *national.*

Ce père a couronné sa vertu *filiale*.
Marchez, ne craignez rien, garde *nationale*.
Il est *civil*, dit-on, et d'un esprit *subtil*;
On devient *vil* souvent, quand on est *incivil*.
Il faut en convenir, cette dame est *civile*.
Bouchez bien ce flacon, l'essence en est *subtile*.
Femme *incivile* et *vile*, ôte-toi de mes yeux,
Et ne reviens jamais dans ces coupables lieux.
Que mon *fidèle* époux soulage sa famille;
L'homme en faisant le bien goûte un sommeil *tranquille*.
Il faut récompenser cet *ancien* soldat;
Le Français *citoyen* défend toujours l'Etat.
Il est sorti, dit-on, d'une *ancienne* race;
Il n'a pas le talent qui convient à sa place.
C'est un très-bon *chrétien* : il prie avec ferveur;
Souvent l'homme *païen* reconnaît son erreur.
Elle jeûne et médit; elle se croit *chrétienne*;
Il faut la convertir, cette femme est *païenne*.
On sait que Saladin était *Mahométan*,
Et qu'il sut gouverner en prince *Musulman*.
Je ne sais si je suis esclave ou *Musulmane*,
Fille d'un roi chrétien,... ou bien *Mahométane*.
C'est un enfant *malin*, que vous devez punir;
Rose est *maligne* aussi, je dois vous prévenir.
Mon frère est trop *bénin*, sa femme trop *bénigne*.
L'excès dans la bonté souvent nous rend indigne.
Un brouillard bien *épais*, nous empêcha de voir;
Une *épaisse* forêt nous ôta tout espoir.
Ce *gros* vilain lourdeau m'a fait casser la jambe
Elle est trop *grasse* aussi pour être bien ingambe.
Le maigre me fait mal et vraiment j'en suis *las*;
Je vais me régaler avec un chapon *gras*.
Elle fut se coucher, elle se trouva *lasse*;
Et nous mîmes au pot une poularde *grasse*.

Ce garçon me sert bien, mais Dieu! qu'il est *niais*!
On a jeté ce vin, tant il était *mauvais*.
Je ne peux l'employer, car elle est trop *niaise*.
Que je plains un mari, quand sa femme est *mauvaise*!
Un délice, en été, c'est de boire bien *frais*.
J'avais besoin d'un *tiers*, et sur lui je comptais.
Rentrons chacun chez nous, la soirée est trop *fraîche*.
Ta *tierce* n'est pas juste, une note en empêche.
Votre ton me déplaît, je vous le dis tout *net*.
A la mort vous savez que tout homme est *sujet*.
Je suis assez content : cette écriture est *nette*.
Aux lois de son époux chaque femme est *sujette*.
Quel malheur qu'il soit *muet*! il est intelligent.
Il est *douillet*, fi donc! quel insipide enfant!
Mieux eût valu pour moi que ma femme fût *muette*.
Vous trouvez qu'il fait froid, que vous êtes *douillette*.
Dites-moi tout, Monsieur, car je suis très-*discret*,
Et je saurai garder votre important *secret*.
Elle est *discrète* aussi, c'est une chose rare.
Cette *secrète* erreur la rend souvent bizarre.
J'aime le bon chrétien, mais je hais le *bigot*,
Qui par hypocrisie imite le *dévot*.
Ce n'est qu'à soixante ans qu'elle devint *dévote*;
On voit bien que ce n'est qu'une indigne *bigote*.
Il est menteur parfois, et même un peu *trompeur*;
Je crois qu'il parviendra : c'est un homme *flatteur*.
La *menteuse* est haïe, ainsi que la *trompeuse*;
Méfiez-vous surtout d'une femme *flatteuse*.
Ce vin est assez bon, mais le mien est *meilleur*.
Il faut le demander d'abord au *supérieur*.
Elle est *meilleure* aussi, vous pouvez bien le croire,
Et *supérieure* enfin à votre vieille histoire,
Fi! Monsieur, c'est vilain que d'être ainsi *jaloux*!
Il faut, pour être aimé, conserver un ton *doux*.

Je ne puis rien changer à son humeur *jalouse ;*
Zulma se fait aimer, ah! combien elle est *douce !*
Sachez qu'il est *honteux* d'agir en homme *faux :*
Son *dangereux* esprit a causé bien des maux ;
Cette femme est *honteuse*, et cette autre bien *fausse*,
Dangereuse vraiment, surtout quand elle cause.
Parfois un mot en *al* peut se changer en *aux :*
Il est bien votre *égal ;* les hommes sont *égaux.*
Excepté les suivans, que l'auteur doit vous dire :
Fatal, naval, frugal, sachez donc les écrire.
Nous avons bien senti qu'il nous était *fatal.*
Il est sorti vainqueur de ce combat *naval.*
Les armes du vainqueur vous ont été *fatales.*
Nous avons remporté deux batailles *navales.*
Son amour *filial* nous est trop bien connu :
Nous ne pouvons douter de son cœur *ingénu.*
Nous avons admiré leurs larmes *filiales.*
A ce repas *frugal*, belles soyez *frugales.*

ADJECTIFS POSSESSIFS.

L'*Adjectif possessif* avertit le lecteur
Des objets différens dont on est possesseur.
Mon livre, *votre* ami, *ton* cheval, *son* carrosse ;
Notre bien, *leur* argent, *ma* pendule et *ta* brosse,
Sa bonté, *notre* amour, *votre* histoire et la *leur.*
Votre chien, *mes* moutons, *ses* amours, *votre* humeur ;
Nos oiseaux, *vos* lapins donnent beaucoup d'ouvrage ;
Leurs frères sont sortis sans rien dire, je gage.
Mon, ton, son quelquefois s'emploient au féminin,
Devant une *voyelle* ou l'*h muette* enfin.
Si mon corps doit périr, *mon* âme est immortelle.
Son humeur me déplaît ; répondez quand j'appelle.

ADJECTIFS DÉMONSTRATIFS.

L'Adjectif, quand il sert à nous montrer l'objet,
Est dit *démonstratif* : tels sont les mots *ce*, *cet*,
Cette et *ces*, qu'il vous faut distinguer l'un de l'autre :
Ce livre est amusant et vaux mieux que le vôtre.
Cet enfant n'apprend rien, il faudra le punir ;
Cette correction le fera revenir.
Ces prés, *ces* champs, *ces* bois, *cette* belle culture,
Montrent un Dieu puissant, auteur de la nature.
Quand par une consonne enfin commence un mot,
On prend l'adjectif *ce* : l'on dira *ce* marmot.
Si l'*h* est aspirée, on doit le mettre encore :
Ce hameau me convient, j'y viens sitôt l'aurore.

ADJECTIFS NUMÉRAUX.

Pour compter, on se sert du nombre *cardinal*,
Ainsi que celui qu'on appelle *ordinal*.
Les nombres cardinaux sont : *un*, *deux*, *vingt-cinq*, *trente*,
Trente-huit et *trente-neuf*, *cinquante-huit* et *soixante*.
Voici les *ordinaux* : *premier*, *second*, *dernier*.
Le lion comptait bien, il eut le cerf entier.
Le tiers, *le quart* d'un tout sont aussi noms de nombre,
Et le *double* et le *triple*, on ne peut les confondre.

DEGRÉS DE SIGNIFICATION DANS LES ADJECTIFS.

SAVOIR : le *Positif*, le *Comparatif* et le *Superlatif*.

Trois degrés différens distinguent l'adjectif.
S'il est seul, sans rapport, il est *au positif* :
César était *vaillant* et *généreux* monarque.
D'un cœur *reconnaissant* voilà quelle est la marque.
Mais le *comparatif* est le second degré :
Aussi grand qu'Alexandre, il fut plus *révéré*.

L'Adjectif inférieur se fait toujours connaître
En mettant *moins* devant : il est *moins salutaire*.
On ne dit pas *plus bon*, on se sert de *meilleur*.
Plus petit ne vaut rien, et *moindre* est en faveur.
Au lieu de *plus mauvais*, on doit employer *pire*.
Il faut parler français, et le savoir écrire.
C'est mon *meilleur* ami, de son cœur excellent
La moindre qualité c'est d'être bienfaisant.
Il est reconnaissant, j'en ai la certitude ;
Le pire de ses torts n'est pas l'ingratitude.
Pour le *superlatif*, on met *très*, *bien* ou *fort*
Devant un adjectif : cet homme a *très-grand* tort.
Il est *bien raisonnable*, et j'admire mon frère !
Je ne suis pas surpris du tout qu'on le préfère.
Je suis *fort négligent*, je m'en repentirai ;
De plus, *fort étourdi*, je me corrigerai.
Dans un sens *absolu* les mots *très*, *fort* conviennent ;
Dans le sens *relatif* les autres mots se prennent.
Le plus, la plus, les plus : l'homme *le plus* vaillant
Pris parmi *les plus forts*, devint *le plus clément*.
La plus forte raison que vous donniez, Madame,
C'est l'exemple parfait, personne ne le blâme.

CHAPITRE IV.

DU PRONOM.

Le mot que chacun met à la place du nom,
En en prenant les droits, est appelé *Pronom*.
Les pronoms personnels sont trois : d'abord *je* parle,
Tu demandes pourquoi ? C'est bien *lui* qui régale.

Singulier, *je*, *me*, *moi*, désignent les premiers ;
Tu, *te*, *toi*, les seconds ; *il*, *elle*, les derniers.
Monsieur, vous *me* donnez ici la préférence ;
Pluriel : *nous* désirons une autre récompense.
Viens, puisqu'on *te* demande un excellent conseil.
Vous venez nous trouver sitôt notre réveil.
Il, *leur*, *eux*, *ils*, *se*, *soi*, servent à la troisième :
Combien *il* est changé ! Voyez comme *il* est blême !
Leur attente est trompée, ils n'ont rien entendu.
Se sont-ils aperçus qu'on leur avait rendu ?
Ils ont connu trop tard leur infâme conduite.
Elles ont, malgré tout, favorisé leur fuite.

PRONOMS POSSESSIFS.

Le *Pronom possessif* marque propriété :
Le mien a fait sentir sa mâle autorité.
Le tien ne vaut plus rien , a bon droit on s'en moque.
Le sien, il est trop dur pour un œuf à la coque.
Le nôtre est préféré, c'est un bon citoyen.
Le vôtre est sans honneur, il n'est plus bon à rien.
Le leur a succombé, le brave le repousse.
La mienne ne vaut rien , c'est une vieille housse.
La tienne a plus d'éclat, mais a moins de bonté ;
La sienne vaut bien mieux, elle a beaucoup coûté,
La nôtre avait des droits, je les ai fait connaître.
La vôtre a tout à craindre, elle ne peut paraître.
La leur a prévalu, chacun la trouve mieux.
Les miens ont dit souvent qu'ils n'étaient pas heureux.
Les tiens avaient grand tort de vouloir la leur prendre.
Les siens furent contraints ensuite de la rendre.
Les nôtres, dans ce temps, suivaient la liberté.
Les vôtres ressentaient la féodalité.
Les leurs furent surpris d'un semblable langage.
Les miennes avaient droit à ce noble héritage.

Les tiennes étaient loin de pouvoir l'obtenir.
Les siennes chantaient bien, il faut en convenir.
Les nôtres ont pris part à cette juste cause.
Les vôtres ont trouvé que c'était peu de chose.
Les leurs avaient grand tort de vouloir ordonner,
Dans un lieu qu'il fallut bientôt abandonner.

PRONOMS DÉMONSTRATIFS.

Pour le *démonstratif*, c'est celui qui nous montre
L'objet dont on se sert, souvent on le rencontre.
Celui qui vous écrit, aspire à votre main.
Celui-ci, dites-vous, Monsieur, c'est mon cousin.
Celui-là ne craint rien, car il n'est pas coupable.
Ce ruban est joli, j'en voudrais un semblable.
Ceci ne me plaît pas, je le fais observer.
Cela vaut beaucoup mieux, il faut le conserver.
Celle qui ne dit mot, l'obtint de préférence.
Celle-ci se plaignit de son indifférence.
Celle-là blâma trop ce faible instant d'humeur.
Ceux que vous me nommez méritent cet honneur.
Ceux-ci sont moins brillans, mais ils sont plus solides.
Ceux-là furent placés, dit-on, aux Invalides.
Celles que vous prenez ont beaucoup plus d'éclat;
Celles-ci sont enfin dignes d'un magistrat.
Celles-là valent moins, vous voyez ma franchise,
Car on peut se tromper sur cette marchandise.

PRONOMS RELATIFS.

Le *Pronom relatif* a son rapport constant;
Le nom qui le précède est dit antécédent.
C'est Dieu *qui* créa tout, et le ciel et la terre.
La langue *que j'apprends* me sera nécessaire.
Lequel vaut mieux, dis-moi, Condillac ou Rollin?
Chacun d'eux peut passer pour habile écrivain.

Laquelle avait des droits dans cette circonstance?
Celle *qui* n'obtint rien; l'autre eut la préférence.
Lesquels ayant reçu l'argent qu'on leur devait
Ont signé tous les trois au bas dudit billet.
Lesquelles ont perçu, par ce même partage,
Ce qui leur revenait dans ledit héritage.
Duquel moyen aussi j'ai voulu me servir.
Afin d'être plus juste et de mieux réussir.
Auquel faut-il des deux, Monsieur, que je m'adresse?
Mettez votre chapeau, c'est trop de politesse.
Mais les amis à *qui* je fus recommandé,
Bien loin de me servir, m'ont très mal secondé.
L'auteur *dont* vous riez est un auteur frivole,
Il ne peut s'exprimer sans mettre une hyperbole.
L'homme *dont* vous parlez jouit d'un grand crédit,
Et se fait admirer encor par son esprit.
L'histoire *dont* je parle est je crois la meilleure.
Mes sœurs, *dont* vous causez, se lèvent de bonne heure.
A quoi bon le savoir, s'il ne te rend parfait?
Mais ces choses *à quoi* servent-elles, de fait!
C'est un livre excellent, lisez-*le*, je vous prie.
Donnez-*la* moi, Monsieur, cette rose jolie.
Vous avez des tableaux, faites-*les* moi donc voir.
Les vers que vous lisez, je voudrais *les* savoir.
Il pourrait *en* mourir de cette maladie;
Il n'*en* reviendra pas, il est à l'agonie.
Voulez-vous *y* monter? j'*y* passerai demain.
Fiez-vous *y*, Monsieur, c'est un très-bon voisin.
On m'écrit d'*y* passer, et je m'*y* rends sur l'heure;
Il n'*y* faut plus compter, il change de demeure.

PRONOMS INTERROGATIFS.

Qui, *que*, *quoi*, sont pronoms dits *interrogatifs*,
Quand on y sous-entend des objets relatifs:

Qui pourrait supposer que sa femme fût fausse?
Que faites-vous donc là? Monsieur, très-peu de chose.
Mais *à quoi* pensez-vous? vous passez votre temps,
Quand vous avez besoin de gagner de l'argent.

PRONOMS INDÉFINIS.

Pronoms indéfinis, c'est ainsi qu'on appelle
Ceux indéterminés, en voici le modèle:
On, quiconque, chacun, qui que ce soit, pas un,
Les uns, les autres, tel, et puis enfin *aucun.*
On vous a déjà dit qu'il n'était pas coupable.
Quiconque y reviendra doit être inexcusable.
Chacun a reconnu les torts que vous avez.
Nul ne sait, mon ami, tout ce que vous devez.
Aucun d'eux n'est jaloux de voir un tel spectacle.
Pas un ne croit, Monsieur, cet étonnant miracle.
Tel qui parle d'honneur est souvent très fripon.
Qui que ce soit alors ne sortait sans bâton.
Les uns craignent beaucoup cette masse étrangère,
Et *les autres*, sans peur, volent à la frontière.

CHAPITRE V.

DU VERBE.

Le Verbe, utile mot, marque affirmation,
Et de chaque sujet montre l'intention.
Quand on dit: le travail *est* nécessaire à l'homme,
On exprime un sujet auquel on montre en somme
Que convient l'adjectif; le verbe *est*, en effet,
Affirme le pouvoir de *travail*, son sujet.

Sept verbes sont reçus, et je dois vous les dire;
Ils sont ainsi classés : sachez donc les écrire.
On distingue d'abord ceux qu'on appelle *actifs*,
Neutres et *réfléchis*, *réciproques*, *passifs*;
Les *unipersonnels*, qu'on voit parfois paraître,
Et les *pronominaux* qu'on doit aussi connaître.
Les verbes *actifs* sont tous ceux dont l'action,
Est, ou sous-entendue, ou dite avec raison;
Et lorsqu'après lesquels, par une juste cause,
On met, sans rien blesser, le mot *personne* ou *chose*.
Aimer Dieu, son prochain, voilà la charité;
Bâtir une maison et *prendre* une cité.
Les mots *maison*, *cité*, sont appelés régimes :
Gravez dans votre esprit ces utiles maximes.
Ce régime toujours est appelé *direct*.
Il en est un second offrant un autre aspect :
Il est dit *composé*, très-souvent avec grâce,
Après les mots *à*, *de*, chacun voit qu'il se place.
Vous devez enseigner la langue *à* cet enfant.
On a donné le prix *à* l'homme intelligent;
A *cet enfant*, voilà qui l'éclaircit, l'anime,
Et du verbe *enseigner*, c'est l'indirect régime.
A *l'homme intelligent*, le sens est bien parfait,
C'est du verbe *donner*, le régime indirect.
Vous osez accuser ce garçon *de* mensonge.
Mais pourquoi m'éveiller, au milieu *de* mon songe?
De mon songe, voilà.... Vous connaissez très-bien
Le régime indirect, je n'en dirai plus rien.
Le Verbe *passif* est formé de telle sorte,
Que le sujet reçoit l'action qu'il comporte :
Alors, si vous voulez composer un passé,
Choisissez le régime, et du verbe classé
Faites-en le sujet, qui reçoive et qui prenne
L'action du passif : cette règle est certaine.

Ainsi l'on peut changer le sens d'un verbe actif,
Et lui donner celui qui convient au passif :
Le feu brûle le bois ; ici je me résume,
Et *le bois est brûlé* par le feu qui consume.
Le Verbe *neutre* exprime un état seulement
Qui sur un même objet tombe indirectement.
Passer, partir, entrer, nuire, monter et naître,
Passer, tomber, mourir, venir, sortir, paraître.
Ainsi *dormir* est *neutre*, il exprime un état ;
Et *partir* l'est aussi, d'après son résultat.
On ne *nuit* pas quelqu'un, ni même quelque chose :
C'est donc un simple état, vous en sentez la cause.
Ainsi donc, il est *neutre* : un troisième motif,
C'est qu'il ne peut enfin n'être *actif* ni *passif*.
Les verbes *réfléchis* expriment le système
D'un sujet agissant sans cesse sur lui-même.
Je me plains sans sujet ; *il se fait* une loi ;
Tu te réjouis fort ; *il se moque* de moi.
Les réciproques sont ceux qui pour l'ordinaire
Agissent l'un sur l'autre et de même manière :
Avec quelle fureur ces hommes *se battaient ;*
Il était beau de voir que ceux ci *s'entr'aidaient.*
Mais les *pronominaux* sont tous ceux qui n'expriment
Pas même l'action que les sujets confirment,
Ni celle qui souvent se forme de l'objet,
Ni par l'action faite par le sujet.
Par exemple, en disant : la scène *se prolonge ;*
La scène ne peut rien, c'est elle qu'on allonge.
De même quand on dit : ce drap *se vend* trop cher ;
Le drap ne peut pas vendre, et le sens n'est pas clair :
Chacun voit donc qu'il prend une forme passive.
Il *est vendu* trop cher, la chose est positive.
On se sert seulement de l'*unipersonnel*,
Troisième personne, et le fait est réel,

Au nombre singulier, comme : *il faut, il importe,*
Il pleut, il grêle, il vente, et ceux de même sorte.
Les verbes sont encor classés en *réguliers,*
Défectifs, anomaux : objets particuliers
Qu'il faudra distinguer. La langue est peu facile,
Une difficulté nous en fait naître mille.
Dans les verbes toujours on distingue trois temps :
Le présent : je vous dis qu'ils sont intelligens.
Le passé : je disais qu'il fallait les instruire.
Le futur : je dirai tout ce qu'il faudra dire.
Le mode *indicatif* affirme qu'un objet
Est effectivement, qu'il existe en effet ;
Qu'il était, qu'il sera : ce Monarque *est auguste.*
Il était généreux, il sera toujours juste.
Le conditionnel marque l'intention
Qu'on a, que l'on aurait, avec condition :
Je vous obligerais, si je pouvais, Madame ;
Je l'aurais déjà fait, j'en jure sur mon âme.
L'Impératif toujours marque commandement
Partez, volez, guerrier, surtout *soyez* vaillant.
Le mode *subjonctif,* quand on a quelque doute,
Qu'on souhaite une chose ou bien qu'on la redoute :
Que faut-il que j'espère après un tel malheur ?
Puissiez-vous aujourd'hui mériter cet honneur !
Enfin *l'infinitif,* qui, sans dire la cause,
Exprime vaguement le motif d'une chose.
On plaint les malheureux, au lieu de s'en *moquer !*
On ne *dit* jamais rien qui puisse les *choquer :*
On doit les *soulager,* et non pas en *médire ;*
Contre eux il est affreux *d'employer* la satyre.
Verbe *être* et verbe *avoir* auxiliairement
S'emploient dans le discours ; et l'on s'en sert souvent.
Il est bon, avant tout, de les faire connaître,
Et je vais commencer d'abord par le verbe *Être.*

CONJUGAISON DU VERBE AUXILIAIRE
ÊTRE.

INDICATIF PRÉSENT.

Je suis citoyen probe et soumis à la loi.
Es-tu sûr de son cœur ainsi que de sa foi ?
Il est loin de prévoir une telle disgrâce.
Nous sommes peu flattés de voir qu'il nous menace.
Vous êtes assurés qu'ils s'y trouvent très-bien.
Ils sont trop paresseux : ils ne gagneront rien.

IMPARFAIT.

J'étais trop jeune, hélas ! et sans expérience.
Etais-tu parmi ceux qui sauvèrent la France ?
Il était enflammé de nobles sentimens.
Nous étions consolés en voyant nos enfans.
Vous étiez pénétrés de sa sage doctrine.
Ils étaient soutenus de sa bonté divine.

PRÉTÉRIT DÉFINI.

Je fus trompé dès-lors et perdis tout espoir.
Tu fus bientôt puni manquant à ton devoir.
Il fut récompensé de sa rare sagesse.
Nous fûmes entourés de toute la noblesse.
Vous fûtes les soutiens de ce pauvre vieillard.
Ils furent triomphans sous ce noble étendard.

PRÉTÉRIT INDÉFINI.

J'ai bien *été* surpris en le voyant paraître.
As-tu bien *été* sage et soumis à ton maître ?

A-t-il été content de revoir son ami ?
Nous avons été voir s'il était endormi.
Vous avez tous *été* témoins dans cette affaire.
Ils ont été charmés qu'on punît un faussaire.

PRÉTÉRIT ANTÉRIEUR.

J'eus été plus content de le voir en ces lieux.
Eus-tu bien *été* sûr de faire des heureux ?
Il eût été trop tard pour traiter cette affaire.
Nous eûmes été voir cette jeune étrangère.
Vous eûtes été tous au-devant du vainqueur.
Ils eurent été pris , sans leur noble valeur.

PLUS-QUE-PARFAIT.

J'avais été témoin de sa sage conduite.
Avais-tu bien *été* dès-lors à sa poursuite ?
Il avait été pris, en commettant le vol.
Nous avions été mieux placés à l'entresol.
Vous aviez été plaints dans cette circonstance.
Ils avaient tous *été* récompensés d'avance.

FUTUR.

Je serai dans ce temps peut-être plus heureux.
Tu seras satisfait ; il doit quitter ces lieux.
Il sera le soutien du brave qu'on outrage.
Nous serons peu flattés d'un semblable partage.
Vous serez admirés de vos nombreux voisins.
Ils seront satisfaits de revoir leurs cousins.

FUTUR COMPOSÉ.

J'aurai donc *été* là pour soutenir sa cause ?
Auras-tu bien *été* satisfait de sa prose ?

Aura-t-il été sûr de rentrer dans ses droits?
Nous aurons été fiers de nos nombreux exploits.
Vous aurez été pris pour des sujets rebelles.
Ils auront été mis au rang des infidèles.

CONDITIONNEL PRÉSENT.

Je serais resté court, sans l'aide du souffleur;
Tu serais trop heureux de posséder son cœur.
Il serait chevalier, s'il eût été plus brave.
Nous serions tous tombés sans vous dans cette cave.
Vous seriez, sans cela, peut-être général.
Ils seraient bien reçus, s'ils le voulaient, au bal.

PASSÉ.

J'aurais été surpris, en le voyant paraître.
Aurais-tu bien *été* jaloux de le connaître?
Il aurait été fier d'obtenir votre main.
Nous aurions été voir ce savant écrivain.
Vous auriez été sûrs de les trouver ensemble.
Ils auraient été tous où l'honneur les rassemble.

IMPÉRATIF.

Sois toujours assuré de ma franche amitié.
Sois sûr que de ce bien j'ai droit à la moitié.
Qu'il soit prêt à marcher, pour sauver la patrie.
Soyons unis, Français, craignons la tyrannie.
Soyez les protecteurs des peuples outragés.
Qu'ils soient punis de mort, l'honneur les a jugés.

SUBJONCTIF PRÉSENT.

Que je sois le soutien de ce monarque injuste!
Que tu sois relaxé d'un tribunal auguste.

Qu'il soit jugé coupable à l'unanimité.
Que nous soyons réduits à la mendicité.
Que vous soyez forcés à ce dur sacrifice.
Qu'ils soient récompensés d'après votre justice.

IMPARFAIT.

Que je fusse l'ami d'un homme aussi pervers?
Que tu fusses charmé de lui lire tes vers.
Qu'il fût plus généreux envers un si bon frère.
Que nous fussions certains de gagner notre affaire.
Que vous fussiez partis, sans être allés le voir.
Qu'ils fussent malheureux et sans aucun espoir.

PRÉTÉRIT.

Que j'aie été flatté d'une telle visite !
Que tu l'aies été, témoin de sa conduite !
Qu'il ait été plus loin qu'il ne devait aller.
Que nous ayons été chez lui, pour lui parler.
Que vous ayez été surpris de sa vaillance.
Qu'ils aient été bannis, exilés de la France.

PLUS-QUE-PARFAIT.

Que j'eusse été proscrit de mon pays natal.
Que tu l'eusses été, pour avoir fait le mal.
Qu'il eût été puni de son lâche parjure.
Que nous eussions été vengés de cette injure.
Que vous eussiez été reconnus innocens.
Qu'ils eussent été pris pour de vrais ignorans.

INFINITIF PRÉSENT.

Être fier de son rang, et vain de sa naissance.

PRÉTÉRIT.

Avoir été blâmé de sa folle imprudence.

PARTICIPE PRÉSENT.

Étant bon citoyen, on est considéré.

PASSÉ.

A-t-il *été* revoir ce père révéré ?
A-t-elle *été* chez vous, vous conter la nouvelle ?
Ayant été l'objet de sa peine cruelle.

FUTUR.

Devant être l'époux d'une reine en faveur,
Il perdit à la fois sa couronne et son cœur.

CONJUGAISON DU VERBE AUXILIAIRE

AVOIR.

INDICATIF PRÉSENT.

J'ai pris part aux chagrins de mon malheureux frère ;
As-tu sollicité son pardon de mon père ?
Il a promis dès-lors de n'y plus revenir.
Nous avons espéré ce meilleur avenir.
Vous avez évité de suivre cette route.
Ils ont, en combattant, franchi cette redoute.

IMPARFAIT.

J'avais alors vingt ans, et j'étais courageux.
Avais-tu craint, dis-moi, de paraître à ses yeux ?
Il avait l'esprit droit et le cœur très-sensible.
Nous avions tous pensé qu'il était accessible.
Vous aviez demandé le sujet de ses pleurs.
Ils avaient éprouvé de terribles malheurs.

PRÉTÉRIT DÉFINI.

J'eus tort, je le sens bien, et je dois vous le dire.
Eus-tu craint de nommer le traître qui conspire ?
Il eût beaucoup mieux fait de ne pas voyager.
Nous eûmes tous raison de vouloir partager.
Vous eûtes des amis, alors vous étiez riches.
Ils eurent, au dîner, un seul plat de pois chiches.

PRÉTÉRIT INDÉFINI.

J'ai bien *eu* des malheurs depuis que je suis né.
As-tu bien *eu* ta part ? — On ne m'a rien donné.
Il a bien *eu* raison de le croire coupable.
Nous avons eu des torts ; cet homme est misérable.
Vous avez eu l'argent que je devais avoir.
Ils ont eu tout mon bien ; j'aurais dû le prévoir.

PRÉTÉRIT ANTÉRIEUR.

J'eus eu le pas sur vous pendant tout le voyage.
Eus-tu bien *eu* le front de tenir ce langage ?
Il eut eu cet emploi, s'il se fût présenté.
Nous eûmes eu pour lui beaucoup plus de bonté.
Vous eûtes eu le prix d'une bonne conduite.
Ils eurent eu raison d'aller à leur poursuite.

PLUS-QUE-PARFAIT.

J'avais eu tort vraiment d'entamer ce procès.
Avais-tu bien *eu* part à ces nombreux succès?
Il avait eu dès-lors son droit dans l'héritage.
Nous avions eu chacun une terre en partage.
Vous aviez eu l'argent qu'on devait lui donner.
Ils avaient eu raison de le lui pardonner.

FUTUR.

J'aurai, dans quelques jours, une meilleure place.
Auras-tu craint pour lui quelqu'injuste disgrâce!
Il aura succombé, car il n'a point écrit.
Nous aurons tous pris part à ce fatal récit.
Vous aurez maltraité ce malheureux jeune homme;
Ils auront empêché sans doute qu'on l'assomme.

FUTUR COMPOSÉ.

Aurai-je bien *eu* là ce qui me revenait?
Auras-tu bien *eu* tout l'argent qu'il te devait?
Il aura bien *eu* droit de punir un tel traître.
Nous aurons eu pour lui les égards de son maître.
Vous aurez eu dès-lors ce qui vous était dû.
Ils auront eu le temps de voir le prétendu.

CONDITIONNEL PRÉSENT.

J'aurais beaucoup mieux fait d'attendre en patience.
Aurais-tu pu penser qu'il eût la préférence?
Il aurait mieux valu qu'il n'eût jamais régné.
Nous aurions contre lui vu le peuple indigné.
Vous auriez reconnu son infâme conduite.
Ils auraient applaudi, s'il avait pris la fuite.

PASSÉ.

J'aurais eu plus tôt fait d'accepter cet emploi.
Aurais-tu bien *eu* part aux largesses du Roi ?
Il aurait eu des torts envers cette personne.
Nous aurions eu l'argent, car son âme est très bonne.
Vous auriez eu dès-lors cette belle maison.
Ils auraient eu contr'eux la mauvaise saison.

IMPÉRATIF.

Toujours l'œil aux aguets, *prends* garde qu'il n'échappe.
Prends des précautions pour ne pas qu'on le frappe.
Qu'il ait d'abord trouvé cet excellent moyen.
Ayons toujours l'esprit disposé vers le bien.
Ayez, mon fils, du goût pour la langue française.
Qu'ils aient suivi l'avis de leur jardinier Blaise.

SUBJONCTIF PRÉSENT.

Que j'aie en cet instant le droit de vous nommer
Que tu l'aies aussi de le faire sommer.
Qu'il ait la faculté de pouvoir vous écrire.
Que nous ayons chacun le droit de vous le dire.
Que vous ayez appris son heureux changement.
Qu'ils aient bien soutenu l'honneur du régiment.

IMPARFAIT.

Que j'eusse mieux agi dans cette circonstance.
Que tu l'eusses vaincu, par ta rare vaillance.
Qu'il eût pour son pays versé son noble sang.
Que nous eussions alors mérité ce haut rang.
Que vous eussiez pris part à cette noble lutte.
Qu'ils eussent éprouvé cette fatale chute.

PRÉTÉRIT.

Que j'aie eu là le prix de mes nombreux travaux.
Que tu l'aies bien *eu*, sous de nobles drapeaux.
Qu'il ait eu du crédit à la cour du Monarque.
Que nous ayons eu l'art de diriger la barque.
Que vous ayez eu pris un excellent poisson.
Qu'ils aient eu le malheur de perdre leur moisson.

PLUS-QUE-PARFAIT.

Que j'eusse eu pour parrain ce noble personnage.
Que tu l'eusses bien *eu*, c'était ton avantage.
Qu'il eût eu pour sa dot cinquante mille écus.
Que nous eussions eu pris ceux qu'ils avaient vaincus.
Que vous eussiez eu tort d'abandonner la France.
Qu'ils eussent eu raison de montrer leur vaillance.

INFINITIF PRÉSENT.

Avoir l'esprit content et le cœur sans détour.

PRÉTÉRIT.

Avoir eu pour garant l'eau bénite de cour.

PARTICIPE PRÉSENT.

Ayant dans sa maison de quoi se satisfaire.

PASSÉ.

A-t-elle eu pour époux celui qui sut lui plaire?
Ayant eu son portrait, il le fit voir au bal.

FUTUR.

Devant avoir, plus tard, l'aimable original.

VERBES DE LA PREMIÈRE CONJUGAISON

EN ER.

INDICATIF PRÉSENT.

Je chante d'un bon roi la gloire et la clémence.
Tu trouves un appui, bientôt dans sa vaillance ;
Il gouverne, et l'honneur nous rappelle ses droits.
Nous marchons, et chacun obéit à sa voix.
Vous volez pour éteindre aussitôt la discorde.
Ils demandent la paix et le héros l'accorde.

IMPARFAIT.

Je chantais de Rémi les illustres hauts faits.
Tu trouvais du plaisir à conter ses bienfaits.
Il gouvernait en maître, et brisait les entraves.
Nous marchions sur ses pas dans le sentier des braves.
Vous voliez, pleins d'ardeur, à de nouveaux combats.
Ils demandaient les noms de nos vaillans soldats.

PRÉTÉRIT DÉFINI.

Je chantais bien souvent le succès de nos armes.
Tu trouvas les vaincus en butte à leurs alarmes.
Il gouverna jadis avec beaucoup d'honneur.
Nous marchâmes dès-lors sous ce héros vainqueur.
Vous volâtes vers lui, certains de la victoire.
Ils demandèrent tous de partager sa gloire.

PRÉTÉRIT INDÉFINI.

J'ai chanté, je le sais, la France et ses guerriers.
As-tu trouvé la paix au sein de tes foyers?
Il a gouverné seul, et même avec prudence.
Nous avons marché tous pour préserver la France.
Vous avez volé même au-devant du trépas.
Ils ont demandé trêve au milieu des combats.

PRÉTÉRIT.

J'eus chanté de Rémi les vertus et la gloire.
Eus-tu trouvé, dis-moi, le prix de la victoire?
Il eut gouverné mieux ses tranquilles sujets.
Nous eûmes marché tous assurés du succès.
Vous eûtes volé même à ces lieux pleins de charmes.
Ils eurent demandé le sujet de leurs larmes.

PLUS-QUE-PARFAIT.

J'avais chanté d'un Roi l'intrépide valeur.
Avais-tu trouvé bon qu'il parlât en vainqueur?
Il avait gouverné, mais en prince despote.
Nous avions marché tous pour lui prêter main-forte.
Vous aviez volé même à de nouveaux combats.
Ils avaient demandé grâce aux vaillans soldats.

FUTUR.

Je chanterai d'un Roi la douce bienfaisance;
Tu trouveras son cœur guidé par la clémence.
Il gouvernera mieux, s'il chasse ses flatteurs.
Nous marcherons, Français, en braves défenseurs!
Vous volerez plus tard, si nous avons la guerre.
Ils demanderont tous : que veut l'Europe entière?

FUTUR COMPOSÉ.

J'aurai chanté, crois-moi, nos combats glorieux.
Auras-tu trouvé bon ce parti rigoureux ?
Il aura gouverné moins en roi qu'en bon père.
Nous aurons marché tous sous sa noble bannière.
Vous aurez volé là, sans craindre le trépas.
Ils auront demandé, mais il n'obtiendront pas.

CONDITIONNEL PRÉSENT.

Je chanterais l'amour, s'il était moins volage.
Tu trouverais chez moi les plaisirs du jeune âge.
Il gouvernerait bien, s'il n'était pas si bon.
Nous marcherions bien mieux, soutenus d'un bâton.
Vous voleriez alors au temple de mémoire.
Ils demanderaient tous à vivre dans l'histoire.

PASSÉ.

J'aurai chanté l'honneur des braves Parisiens.
Aurais-tu trouvé mal qu'ils prissent ces moyens ?
Il aurait gouverné son peuple avec justice.
Nous aurions marché tous pour lui rendre service.
Vous auriez volé là, cueillir d'autres lauriers.
Ils auraient demandé de suivre nos guerriers.

IMPÉRATIF.

Chante, beau troubadour. Qu'il gouverne sa suite.
Marchons à l'ennemi, le canon nous invite.
Volez au champ d'honneur, le signal est donné.
Qu'ils demandent la paix, le brave a pardonné.

SUBJONCTIF PRÉSENT.

Que je chante, Français, la liberté chérie.
Que tu trouves l'honneur au sein de ta patrie.
Qu'il gouverne avec fruit un état si puissant.
Que nous marchions bientôt ; l'ennemi nous attend.
Que vous voliez, guerriers, guidés par la vaillance.
Qu'ils demandent sa grâce au vainqueur qui s'avance.

IMPARFAIT.

Que je chantasse, ami, nos braves généraux.
Que tu trouvasses là le prix de tes travaux.
Qu'il gouvernât alors avec plus de prudence.
Que nous marchassions tous, guidés par l'espérance.
Que vous y volassiez, l'honneur doit vous guider.
Qu'ils demandassent tous un chef pour commander.

PRÉTÉRIT.

Que j'aie chanté mieux ou gardé le silence.
Que tu l'aies trouvé digne de sa puissance.
Qu'ils aient gouverné mal un peuple de héros !
Que nous ayons marché sous de nobles drapeaux.
Que vous ayez volé puisqu'on parle de guerre.
Qu'ils aient demandé grâce en passant la frontière.

PLUS-QUE-PARFAIT.

Que j'eusse chanté fort, il fallait bien chanter.
Qu'eusses-tu trouvé là ! rien à lui présenter.
Qu'il eût bien gouverné tout un peuple de braves.
Que nous eussions marché sans craindre les entraves.
Que vous eussiez volé fussent-ils plus nombreux.
Qu'ils eussent demandé qu'on les secondât mieux.

INFINITIF PRÉSENT.

Chanter avec amour les charmes d'une amie.

PRÉTÉRIT.

Avoir trouvé chez soi le bonheur de la vie.

PARTICIPE PRÉSENT.

Gouvernant à la fois son peuple et ses soldats.

PARTICIPE PASSÉ.

J'ai *marché*, j'ai *volé*, l'honneur guidait mes pas.
La liberté parut, et la France *étonnée*
S'aperçut, mais trop tard, qu'elle était *couronnée*

FUTUR.

Devant espérer tout, il perdit tout son bien.
Devant demander trop, hélas! il n'obtint rien.

VERBES DE LA IIme CONJUGAISON

EN IR.

INDICATIF PRÉSENT.

Je sens qu'il faut avoir des vertus en partage
Tu choisis des amis à peu près de ton âge.

Il tient à ce valet, qu'il a depuis long-temps.
Nous servons, et l'honneur garantit nos sermens.
Vous fuyez un pays qui vous fut peu propice.
Ils trahissent, je crois, l'honneur et la justice.

IMPARFAIT.

Je sentais qu'il était seul digne de ma foi.
Tu choisissais parmi les officiers du Roi.
Il tenait à l'honneur beaucoup plus qu'à la vie.
Nous servions de soutiens à la France chérie.
Vous fuyiez à l'aspect de ce héros vainqueur.
Ils trahissaient alors et leur prince et l'honneur.

PRÉTÉRIT DÉFINI.

Je sentis, à les voir, un charme inexprimable.
Tu choisis et tu pris un homme détestable.
Il tint à sa parole, et prit le bon moyen
Nous servîmes d'escorte à ce bon citoyen.
Vous fuîtes, nous dit-on, dans cette conjoncture.
Ils trahirent l'état par leur lâche imposture.

PRÉTÉRIT INDÉFINI.

J'ai senti loin de toi la tristesse et l'ennui.
As-tu choisi le jour qu'il se trouve chez lui ?
Il a tenu, dit-on, une infâme conduite.
Nous leur avons servi la plus superbe truite.
Vous avez fui : dès-lors, vous fûtes dispersés.
Ils ont trahi l'état, les ingrats sont chassés.

PRÉTÉRIT ANTÉRIEUR.

J'eus senti des grandeurs les épines cruelles.
Eus-tu choisi la mort, ou pris part aux rebelles ?

Il eût tenu l'argent, c'était l'essentiel.
Nous eûmes bien servi son art industriel.
Vous eûtes fui, pourquoi ? je n'en vois pas la cause.
Ils eurent tous trahi ; c'était bien autre chose.

PLUS-QUE-PARFAIT.

J'avais senti combien il était généreux.
Avais-tu choisi là le plus avantageux ?
Il avait tenu trop au parti de son frère.
Nous avions mal *servi* cette troupe étrangère.
Vous aviez fui, pourquoi, quelle était votre peur ?
Ils avaient donc *trahi* leur patrie et l'honneur ?

FUTUR.

Je sentirai plus tard ma honteuse disgrâce.
Tu choisiras celui qui doit prendre sa place.
Il tiendra sa parole, il le promet aux siens.
Nous servirons l'état en braves citoyens.
Vous fuirez un pays qui vous fut si contraire.
Ils trahiront alors, et croiront tous bien faire.

FUTUR COMPOSÉ.

J'aurai senti pourquoi vous aviez des soupçons.
Auras-tu bien *choisi* les meilleures leçons ?
Il aura tenu bon, sa conduite est louable.
Nous aurons mal *servi* ce ministre coupable.
Vous aurez fui le sol qui vous donna le jour.
Ils auront tous *trahi*, je le dis sans détour.

CONDITIONNEL PRÉSENT.

Je sentirais combien il est fâcheux d'attendre.
Tu choisirais parmi les objets qu'on doit rendre.

Il tiendrait à l'argent, il tient plus à l'honneur.
Nous servirions l'état, je crois, de très-grand cœur.
Vous fuiriez accablés, vaincus par leur vaillance.
Ils trahiraient encor, et livreraient la France.

PASSÉ.

J'aurais senti mes torts, il était encor temps.
Aurais-tu bien choisi parmi tous ses enfans ?
Il aurait tenu mal un semblable registre.
Nous aurions bien servi cet excellent Ministre.
Vous auriez fui bientôt à l'aspect du vainqueur.
Ils auraient donc trahi leur digne bienfaiteur ?

IMPÉRATIF.

Sens combien il est dur de servir un tel maître.
Choisis, prends le meilleur, si tu sais le connaître.
Qu'il tienne sa parole, il le doit en honneur.
Servons notre pays, montrons notre valeur.
Fuyez, peuples jaloux de notre noble gloire.
Qu'ils trahissent l'état, je ne saurais le croire.

SUBJONCTIF PRÉSENT.

Que je sente l'effet d'un coup aussi cruel.
Que tu choisisses bien, il est trop naturel.
Qu'il tienne le fripon, et le fasse connaître.
Que nous servions long-temps sous un si juste maître.
Que vous fuyiez les champs qu'habitaient vos aïeux.
Qu'ils trahissent ! jamais ! ils sont trop courageux.

IMPARFAIT.

Que je sentisse alors le prix de sa promesse.
Que tu choisisses mieux l'objet de ta tendresse.

— 40 —

Qu'il *tint* à son honneur beaucoup plus qu'à l'argent.
Que nous *servissions* tous avec le cœur content.
Que vous *fuissiez* alors, c'eût été préférable.
Qu'ils *trahissent !* cela serait impardonnable.

PRÉTÉRIT.

Que *j'aie senti* là des sujets de douleur.
Que tu *l'aies choisi*, tu le croyais meilleur.
Qu'il *ait tenu* par trop à l'antique noblesse.
Que nous *ayons servi* la plus digne princesse.
Que vous *ayez* tous *fui* redoutant le danger.
Qu'ils *aient trahi* l'état et servi l'étranger.

PLUS-QUE-PARFAIT.

Que *jeusse senti* mieux l'effet d'une imprudence.
Que tu *l'eusses choisi*, tu le pouvais d'avance.
Qu-il *eût tenu* l'argent sans vouloir le donner.
Que nous *n'eussions servi* que pour l'abandonner.
Que vous *eussiez* tous *fui*, quand vous deviez combattre.
Qu'ils *eussent* tous *trahi* plutôt que de se battre.

INFINITIF PRÉSENT.

Sentir ses torts, hélas ! lorsque le mal est fait !

PRÉTÉRIT.

Avoir choisi dès-lors un modèle parfait.
Avoir tenu pour mort un époux qu'on adore.
Avoir senti l'effet d'un pouvoir qu'on ignore.

PARTICIPE PRÉSENT.

Tenant le sceptre en main, il sut régner en Roi.

PARTICIPE PASSÉ.

As-tu senti combien il avait peu de foi?
La fleur ainsi *sentie* est bientôt inodore.
Ayant fui, l'ennemi nous redoutait encore.

FUTUR.

Devant trahir l'Etat, il perdit le repos.
Il n'était occupé que d'infâmes complots.

VERBES DE LA IIIme CONJUGAISON

EN OIR.

INDICATIF PRÉSENT.

Je reçois à l'instant cette bonne nouvelle.
Tu vois bien son portrait; elle est cent fois plus belle.
Il doit se rendre ici, je l'attends ce matin.
Nous concevons cela; rien n'est plus clair enfin.
Vous apercevez bien cette maison rustique?
Ils veulent l'acheter, elle paraît antique.

IMPARFAIT.

Je recevais souvent des nouvelles de lui.
Tu voyais qu'il avait un excellent appui.
Il devait arriver aujourd'hui par la poste.
Nous concevions l'effet d'une telle riposte.

Vous aperceviez là des joueurs étonnés ;
Ils voulaient s'enrichir ; ils se sont tous ruinés.

PRÉTÉRIT DÉFINI.

Je reçus de l'argent qu'il fallut bientôt rendre.
Tu vis que je ne pus rien lui faire comprendre.
Il dut cette faveur au ministre en crédit.
Nous conçûmes alors qu'il pouvait être instruit.
Vous aperçûtes bien toute son ignorance.
Ils voulurent parler, mais j'imposai silence.

PRÉTÉRIT INDÉFINI.

J'ai reçu cet enfant qui se dit orphelin.
As-tu vu le discours de ce grand écrivain ?
Il a dû recevoir réponse du monarque.
Nous avions bien *conçu* cette utile remarque.
Vous avez aperçu cet auteur ennuyeux.
Ils ont voulu savoir s'il était malheureux.

PRÉTÉRIT ANTÉRIEUR.

J'eus reçu son billet dans cette circonstance.
Eus-tu vu rien de tel à cette négligence ?
Il eût dû mieux parler, chacun l'eût écouté.
Nous eûmes bien *conçu* l'utile vérité.
Vous eûtes aperçu s'il était honnête homme.
Ils eussent tous *voulu* partager cette somme.

PLUS-QUE-PARFAIT.

J'avais reçu chez moi ce vieillard indigent.
Avais-tu vu, dis-moi, cet acteur étonnant ?
Il avait dû penser qu'il pouvait lui déplaire.
Nous avons bien *conçu* la suite de l'affaire.

Vous aviez aperçu ces hommes dangereux.
Ils avaient bien *voulu* se montrer courageux.

FUTUR.

Je recevrai l'ami qui guida ma jeunesse.
Tu verras si je suis digne de ta tendresse.
Il devra, sous trois mois, alors les convoquer.
Nous concevrons, pour peu qu'on veuille l'expliquer.
Vous apercevrez mieux avec cette lorgnette.
Ils voudront s'assurer d'une femme discrète.

FUTUR COMPOSÉ.

J'aurai reçu pour lui cet avis important.
Auras-tu vu, dis-moi, cet ami complaisant?
Il aura dû, plus tard, un peu mieux le connaître.
Nous aurons mal *conçu* la remarque du maître.
Vous aurez aperçu ce pays enchanteur.
Ils auront voulu voir cet excellent auteur.

CONDITIONNEL PRÉSENT.

Je recevrais de lui cet avis salutaire.
Tu verrais plus souvent l'objet qui sut lui plaire.
Il devrait le guider au milieu des combats.
Nous concevrions mieux, s'il ne l'expliquait pas.
Vous apercevriez ce vaisseau qui s'avance.
Ils voudraient cimenter ainsi leur alliance.

PASSÉ.

J'aurais reçu chez moi cet effronté coquin!
Aurais-tu vu comment il en était certain?
Il aurait dû savoir ce qu'il venait y faire.
Nous aurions tous *conçu* promptement son affaire.

Vous auriez aperçu sa honte sur son front.
Ils auraient tous *voulu* venger un tel affront.

IMPÉRATIF.

Reçois, en cet instant, le prix de ta constance.
Vois, ami, les soutiens de notre belle France !
Qu'il veuille, en cet instant, pardonner ses erreurs.
Concevons qu'il nous faut de braves défenseurs.
Apercevez-vous là qu'il soit inaccessible ?
Qu'ils veuillent s'emparer d'un État invincible.

SUBJONCTIF PRÉSENT OU FUTUR.

Que je reçoive ainsi ce coupable chez moi !
Que tu voies plus clair ; il suffit de la foi.
Qu'il doive s'y trouver aux vacances prochaines.
Que nous concevions bien, ces preuves sont certaines.
Que vous aperceviez votre funeste erreur.
Qu'ils veuillent consulter cet excellent auteur.

IMPARFAIT.

Que je reçusse mal un homme que j'estime.
Que tu visses en lui l'auteur même du crime.
Qu'il dût, en cet instant, chercher à le punir.
Que nous conçussions mal ; il fallait en finir.
Que vous aperçussiez toute son imposture.
Qu'ils voulussent alors se venger de l'injure.

PRÉTÉRIT.

Que j'aie ainsi reçu l'auteur de tous mes maux !
Que tu l'aies bien vu mourir comme un héros.
Qu'il ait dû vous cacher plus long-temps ce mystère.
Que nous ayons conçu ce projet téméraire.

Que vous ayez plus tard aperçu le danger.
Qu'ils aient voulu dès-lors entr'eux le partager.

PLUS-QUE-PARFAIT.

Que j'eusse reçu mal cette jeune étrangère.
Que tu l'eusses bien *vu*, mais sans qu'il pût te plaire.
Qu'il eût dû réprimer sa folle ambition.
Que nous eussions conçu sa proposition.
Que vous eussiez alors *aperçu* sa voiture.
Qu'ils eussent tous *voulu* composer leur figure.

INFINITIF PRÉSENT.

Recevoir pour appui, de courageux soldats.

PRÉTÉRIT.

Avoir vu leur valeur dans différens combats.

PARTICIPE PRÉSENT.

Devant la vérité, je la dis sans rien craindre.

PASSÉ.

Il a dû vous prouver qu'il n'était pas à plaindre.
La chose est bien *conçue* : on peut la décider.
L'ayant aperçu là tout prêt à présider.

FUTUR.

Devant *vouloir* plaider, alors je fis entendre.
Un avocat instruit qui sut bien me défendre.

VERBES DE LA IVᵐᵉ CONJUGAISON

EN RE.

Je rends grâces à Dieu de ses nombreux bienfaits.
Tu fais des vœux au Ciel pour conserver la paix.
Il rit, en le voyant arriver à la fête.
Nous disons que l'honneur acheva la conquête.
Vous plaignez les chagrins de son cœur ulcéré.
Ils croient revoir encor ce père révéré.

IMPARFAIT.

Je rendais à mon frère un signalé service.
Tu faisais chaque jour un utile exercice.
Il riait, et le sort le privait d'un appui.
Nous disions que l'argent suffisait aujourd'hui.
Vous plaigniez encor cette épouse sensible.
Ils croyaient triompher, l'affaire fut terrible.

PRÉTÉRIT DÉFINI.

Je rendis à l'État ce service important.
Tu fis voir qu'il était au moins reconnaissant.
Il rit, comme un enfant, en le voyant paraître.
Nous dîmes quels étaient les torts de notre maître.
Vous plaignîtes souvent ce vieillard malheureux.
Ils crurent qu'il était sincère et généreux.

PRÉTÉRIT INDÉFINI.

J'ai rendu son cheval, j'avais fait mon voyage.
As-tu fait observer qu'il n'avait pas d'usage ?
Il a ri quelquefois de ses égaremens.
Nous avons dit, Monsieur, du bien de vos enfans.
Vous avez plaint souvent cette honnête famille.
Ils ont cru qu'ils devaient bientôt quitter la ville,

PRÉTÉRIT ANTÉRIEUR.

J'eus rendu de bon cœur ces utiles objets.
Eus-tu fait révolter contre lui ses sujets ?
Il eût ri s'il eût vu ce grotesque équipage.
Nous eûmes dit, dès-lors, qu'il devait être sage.
Vous eûtes plaint le sort de ce jeune orphelin.
Ils eurent cru vraiment qu'il touchait à sa fin.

PLUS−QUE−PARFAIT.

J'avais rendu l'argent, et je devais le faire.
Avais-tu fait sentir cet avis salutaire ?
Il avait ri de voir danser son procureur.
Nous avions dit souvent qu'il était connaisseur.
Vous l'aviez plaint long-temps de sa triste disgrâce.
Ils avaient cru pouvoir occuper cette place.

FUTUR.

Je rendrai dès demain ce que l'on ma prêté.
Tu feras bien, je vois qu'il est tout attristé.
Il rira, c'est certain, d'une telle figure.
Nous dirons qu'il a l'air d'une caricature.
Vous plaindrez son esprit, qu'il sait mal employer.
Ils croiront que c'est vous qui vouliez l'envoyer.

FUTUR COMPOSÉ.

J'aurai rendu l'argent, que pourra-t-on me faire ?
Auras-tu fait passer tes pièces au notaire ?
Il aura ri sitôt qu'il s'offrit à ses yeux.
Nous aurons dit tout net qu'il était ennuyeux.
Vous aurez plaint l'enfant qui se montre indocile.
Ils auront cru chacun la chose très-facile.

CONDITIONNEL PRÉSENT.

Je rendrais ses efforts inutiles et vains.
Tu ferais remarquer ces savants écrivains.
Il rirait de les voir dans un tel équipage.
Nous dirions; laissez-les ; ces jeux sont de leur âge.
Vous plaindriez plus tard cet enfant imprudent.
Ils croiraient que le bien équivaut au talent.

PASSÉ.

J'aurais rendu toujours ce que je devais rendre.
Aurais-tu fait crédit ? eh bien ! il faut attendre.
Il aurait ri, je crois même, devant son nez.
Nous aurions dit ses torts, mais vous lui pardonnez.
Vous auriez plaint l'enfant que son bon cœur abuse.
Ils auraient cru devoir profiter de la ruse.

IMPÉRATIF.

Rends au bon souverain tout ce qu'on peut offrir :
Fais ce qu'on doit pour lui : vivre, vaincre ou mourir.
Qu'il rie, et le peut-il, lorsqu'on lui fait outrage ?
Disons la vérité, c'est le propre du sage.
Plaignez, mais secourez surtout le malheureux.
Qu'ils croient bien que toujours je serai généreux.

Rendez à l'Eternel un hommage sincère.
Qu'ils fassent ce qu'on fait pour le plus tendre père !...

SUBJONCTIF PRÉSENT OU FUTUR.

Que je rende aussitôt ce qui n'est pas à moi.
Que tu fasses briller ton amour pour la foi.
Qu'il rie, en te voyant composer ta figure.
Que nous disions : voyez s'il a bonne tournure.
Que vous plaigniez tous les défauts de son cœur.
Qu'ils croient que l'Éternel sait pardonner l'erreur.

IMPARFAIT.

Que je rendisse encor justice à ce bon frère.
Que tu fisses pour lui ce qu'il convient de faire.
Qu'il rît, en écoutant un semblable discours.
Que nous disions comment le soleil fait son cours.
Que vous plaignissiez tous la veuve infortunée;
Qu'ils crussent que chacun l'avait abandonnée.

PRÉTÉRIT.

Que j'aie rendu là l'arrêt selon la loi.
Que tu l'aies alors fait venir devant toi.
Qu'il ait ri, je le sens, l'acteur est si comique!
Que nous ayons dit vrai, la chose est sans réplique.
Que vous ayez tous *plaint* ce malheureux auteur.
Qu'ils aient cru remarquer en lui trop de hauteur.

PLUS-QUE-PARFAIT.

Que j'eusse rendu mieux ce qu'on me fit apprendre.
Que tu l'eusses promis sans avoir pu le rendre.
Qu'il eût ri de ces vers, j'en aurais fait autant.
Que nous eussions dit vrai, le fait était constant.

3

Que vous eussiez tous *plaint* l'époux inconsolable.
Qu'il eussent cru dès-lors le tort irréparable.

INFINITIF PRÉSENT.

Rendre son âme à Dieu, c'est mourir en chrétien.

PRÉTÉRIT.

Avoir fait des heureux en pratiquant le bien.

PARTICIPE PRÉSENT.

Riant à tout propos, on devient ridicule.

FUTUR.

On *dit* qu'il eût grand peur d'avoir la canicule.
Cette femme s'est *plainte* avec sincérité.

FUTUR.

Devant croire à jamais un Dieu plein de bonté.

CONJUGAISON DES VERBES PASSIFS.

INDICATIF PRÉSENT.

Je suis contraint, Monsieur, de garder le silence.
Es-tu flatté, dis-moi, de son indifférence?
Il est blâmé, dit-on, même de ses amis.
Nous sommes mal *logés*, encor plus mal servis.
Vous êtes convenus de ce qu'il fallait faire.
Ils ont surpris de voir qu'on y met du mystère.

IMPARFAIT.

J'étais contraint de voir ce perfide imposteur.
Étais-tu bien *flatté* de passer pour menteur.
Il était donc *blâmé* d'avoir trop de constance ?
Nous étions tous *logés*, auprès de l'Intendance.
Vous étiez convenus avant tout de vos faits.
Ils étaient fort *surpris* qu'on leur parlât de paix.

PRÉTÉRIT DÉFINI.

Je fus contraint dès-lors de tenir ma parole.
Tu fus flatté vraiment qu'il jouât bien son rôle.
Il fut blâmé, dit-on de son peu de bonté.
Nous fûmes tous *logés* dans la grande cité.
Vous fûtes convenus de ce qu'il fallait dire.
Ils furent bien *surpris*, en le voyant sourire.

PRÉTÉRIT INDÉFINI.

J'ai bien *été contraint* de lui dire mes torts.
As-tu, mon fils, *été flatté* de ses rapports?
A-t-il été blâmé, dans cette circonstance?
Nous avons tous *été logés* par complaisance.
Vous avez donc *été convenus* de cela ?
Ils ont été surpris, en le rencontrant là.

PRÉTÈRIT ANTÉRIEUR.

J'eus été trop *contraint* au milieu de la fête.
Eus-tu, bien sûr, *été flatté* de sa conquête?
Il eût été blâmé, j'en conviens avec vous.
Nous eûmes donc *été logés* dans les faubourgs.
Vous eûtes tous *été convaincus* du mystère.
Ils eurent bien *été surpris* de cette affaire.

PLUS-QUE-PARFAIT.

J'avais été *contraint* de le lui demander.
Avais-tu bien *été flatté* de commander.
Il avait donc *été blâmé* pour peu de chose?
Nous avions été là *logés* tous, et pour cause.
Vous aviez été tous *engagés* pour ce jour.
Ils avaient bien *été surpris* de leur retour.

FUTUR.

Je serai donc *contraint* alors de me défendre.
Tu seras bien *flatté* quand tu pourras l'entendre.
Il sera bien *blâmé* de sa témérité.
Nous serons mal *logés*, c'est une vérité.
Vous serez *convenus* de ce qu'il vous faut faire.
Ils seront tous *surpris* en revoyant leur frère.

FUTUR COMPOSÉ.

J'aurai donc *été* là *contraint* de le garder.
Auras-tu bien *été flatté* de l'accorder?
Il aura trop *été blâmé*, Dieu me pardonne!
Nous aurons été tous *logés* à la Couronne.
Vous aurez donc *été convenus* du discours.
Ils auront tous *été surpris*, sans nul secours.

CONDITIONNEL PRÉSENT.

Je serais bien *contraint* d'expliquer mon affaire.
Tu serais peu *flatté*, s'il cherchait à lui plaire.
Il serait donc *blâmé* de l'avoir éconduit?
Nous serions mal *logés* dans cet humble réduit.
Vous seriez *convenus* de donner cette somme.
Ils seraient tous *surpris*, en voyant un tel homme.

PASSÉ.

J'aurais été contraint d'abandonner l'emploi.
Aurais-tu bien *été flatté* de cette loi?
Il aurait donc *été* bien *blâmé*, je suppose.
Nous aurions tous *été logés* pour peu de chose.
Vous auriez tous *été convenus* du pardon.
Ils auraient bien *été surpris* d'un si beau don.

IMPÉRATIF.

Sois blâmé de ton choix, il est bien ridicule.
Ne *sois* donc pas *surpris* si l'ennemi recule.
Sois contraint, s'il te plaît, à lui payer son bien.
Sois flatté des vertus de ce bon citoyen.
Qu'il soit blâmé d'avoir trahi sa bienfaitrice.
Soyons logés exprès pour lui rendre service.
Soyons bien *convenus* de ce qu'il faut donner.
Qu'ils soient surpris de voir qu'il voulait pardonner.

SUBJONCTIF PRÉSENT.

Que je sois tout *contraint* en sa noble présence.
Que tu sois peu *flatté* de son indifférence.
Qu'il soit toujours *blâmé*.... ma foi, c'est ennuyeux!
Que nous soyons logés ce jour-là beaucoup mieux.
Que vous soyez alors *convenus* du mot d'ordre.
Qu'ils soient tous bien *surpris* de ne pouvoir y mordre.

IMPARFAIT.

Que je fusse contraint de lui dire deux mots.
Que tu fusses flatté de savoir leurs complots.
Qu'il fut alors *blâmé* de son peu de conduite.
Que nous fussions logés, ainsi que notre suite.

Que vous fussiez tous deux *convenus* de l'endroit.
Qu'ils fussent tout *surpris*, en passant le détroit.

PRÉTÉRIT.

Que j'aie été contraint d'en dire quelque chose.
Que tu l'aies été flatté s'il en dispose.
Qu'il ait été blâmé de son ressentiment.
Que nous ayons été logés complaisamment.
Que vous ayez été convenus de lui rendre.
Qu'ils aient été surpris, lorsqu'il se fit entendre.

PLUS-QUE-PARFAIT.

Que j'eusse été contraint de dire mon avis.
Que tu l'eusses été flatté, quand tu la vis.
Qu'il eût été blâmé de sa tendre compagne.
Que nous eussions été logés à la campagne.
Que vous eussiez été convenus de le voir.
Qu'ils eussent tous *été surpris* de le savoir.

INFINITIF PRÉSENT.

Être contraint devant la personne qu'on aime.

PRÉTÉRIT.

Avoir été flatté de résoudre un problême.

PARTICIPE PRÉSENT.

Étant blâmé d'un tort qui me fut supposé.

PASSÉ.

Ayant été logé, je me suis reposé.

FUTUR.

Devant être surpris, on prend une autre route ;
On trompe l'ennemi, même avant qu'il sen doute.

CONJUGAISON DES VERBES NEUTRES.

INDICATIF PRÉSENT.

Je sors pour dénoncer son perfide assassin.
Tu pars avant le jour, quel est donc ton dessein ?
Il vient, n'en doutez pas, pour venger votre injure.
Nous passons, et les ans changent notre figure.
Vous parvenez au but que vous vous proposiez.
Ils restent convaincus que vous déraisonniez.

IMPARFAIT.

Je sortais pour user de ma faible industrie.
Tu partais pour servir ton prince et ta patrie.
Il venait bien souvent visiter ces beaux lieux.
Nous passions en ce temps des jours bien plus heureux.
Vous parveniez alors aux emplois militaires.
Ils restaient opprimés sous des lois étrangères.

PRÉTÉRIT DÉFINI.

Je sortis de ce lieu, mais pour n'y plus rentrer.
Tu partis sans pouvoir jamais y pénétrer.

Il vint à ton secours, il était temps sans doute.
Nous passâmes plus tard sur cette même route.
Vous parvîntes bientôt à calmer son chagrin.
Ils restèrent tous deux pour mesurer le grain.

PRÉTÉRIT INDÉFINI.

Je suis sorti sans lui, mais c'était nécessaire.
Es-tu parti pendant qu'on plaidait son affaire?
Il est venu vous voir, vous n'étiez pas chez vous.
Nous y sommes passés, mais par un temps plus doux.
Vous êtes parvenus à l'âge où l'on raisonne.
Ils sont restés exprès, mais ils n'ont vu personne.

PRÉTÉRIT ANTÉRIEUR.

Je fus sorti, voyant qu'on te recevait mal.
Tu fus parti sans crainte avec le général.
Il fut venu bientôt pour réclamer sa place.
Nous fûmes tous *passés* sur cette épaisse glace.
Vous fûtes parvenus à ce poste important.
Ils furent tous *restés* surpris en le voyant.

PLUS-QUE-PARFAIT.

J'étais sorti sans vous, j'aurais dû vous attendre.
Étais-tu bien *parti*, quand on vint pour te prendre.
Il était donc *venu* vous donner cet avis?
Nous étions passés là, nous en fûmes ravis.
Vous étiez parvenus à ce haut point de gloire.
Ils étaient donc *restés* maîtres de la victoire?

FUTUR.

Je sortirai vainqueur de ce noble combat.
Tu partiras d'abord comme simple soldat.

Il viendra, chaque jour, vous rendre son hommage.
Nous passerons alors sur cet ancien usage.
Vous parviendrez, je crois, à cette dignité.
Ils resteront soumis à son autorité.

FUTUR COMPOSÉ.

Je serai sorti seul, n'ayant pas pu mieux faire.
Tu seras donc *parti*, dès-lors, pour l'Angleterre?
Il sera venu voir ce père infortuné.
Nous serons passés là quand il fut couronné.
Vous serez parvenus à le gagner peut-être.
Ils seront restés sourds à la voix de leur maître.

CONDITIONNEL PRÉSENT.

Je sortirais, Monsieur, craignant vous déranger.
Tu partirais soudain pour chasser l'étranger.
Il viendrait nous ravir la liberté chérie!
Nous passerions tous fiers de servir la patrie.
Vous parviendriez tous à rentrer dans vos droits.
Ils resteraient vaincus au bruit de nos exploîts.

PASSÉ.

Je serais sorti seul pour aller voir mon frère.
Tu serais donc *parti* sans l'avis de ton père?
Il serait venu voir s'il pouvait l'obtenir.
Nous serions tous *passés*, pour ne plus revenir.
Vous seriez parvenus, c'est une chose sûre.
Ils seraient tous *restés* pour venger son injure.

IMPÉRATIF.

Sors, infâme imposteur; ôte-toi de mes yeux!
Pars, soldat, ne crains rien, montre-toi courageux.

Qu'il vienne ! il apprendra ce que peut la vaillance.
Passons par ce chemin, je le vois qui s'avance.
Parvenez, que chacun se montre avec honneur.
Qu'ils restent convaincus qu'ils étaient dans l'erreur.

SUBJONCTIF PRÉSENT.

Que je sorte, il est temps, de ce dur esclavage.
Que tu partes sans crainte, et venges son outrage.
Qu'il vienne nous ravir notre consolateur.
Que nous passions le jour chez ce savant auteur.
Que vous parveniez tous à ce but désirable.
Qu'ils restent interdits, ah ! c'est inexcusable.

IMPARFAIT.

Que je sortisse exprès pour montrer ce discours.
Que tu partisses seul pour chercher du secours.
Qu'il vînt sitôt dîner pour faire sa partie.
Que nous passassions voir cette dinde rôtie.
Que vous parvinssiez mieux que vous ne l'avez fait.
Qu'ils restassent soumis aux ordres du préfet.

PRÉTÉRIT.

Que je sois sorti tard pour me rendre à la fête.
Que tu sois parti seul pour te mettre à leur tête.
Qu'il soit venu dès-lors réclamer son argent.
Que nous soyons passés avec le régiment.
Que vous soyez tous deux *parvenus* à le faire.
Qu'ils soient aussi *restés* pour traiter cette affaire.

PLUS-QUE-PARFAIT.

Que je fusse sorti de ce procès fâcheux.
Que tu fusses parti sans faire tes adieux.

Qu'il fût venu chercher le reste de sa somme.
Que nous fussions passés près de l'antique Rome.
Que vous fussiez alors parvenus à le voir.
Qu'ils fussent restés là, chacun à son devoir.

INFINITIF PRÉSENT.

Sortir d'un grand danger pour tomber dans un autre.

PRÉTÉRIT.

Être parti content, faisant le bon apôtre.

PARTICIPE PRÉSENT.

Venant, chaque matin, visiter ces beaux lieux.

PARTICIPE PASSÉ.

Il est *passé*, dit-on ; qu'il était malheureux !

Féminin.

Cette femme est *passée*, elle n'est plus jolie ;
Mais *étant parvenue*, elle devint polie.

FUTUR.

Devant rester encor sous votre autorité,
Je m'y soumets ; plus tard, j'aurai a liberté.

CONJUGAISON DES VERBES RÉFLÉCHIS

RÉCIPROQUES ET PRONOMINAUX.

INDICATIF PRÉSENT.

Je me conduis très-bien, vous n'avez rien à dire.
Tu te tais, je t'entends : pour lui ton cœur soupire.
Il se repent, dit-on, d'avoir mal répondu.
Nous nous battons toujours, l'ennemi s'est rendu.
Vous vous réjouissez de l'heureuse nouvelle.
Ils s'en vont mécontens d'une telle querelle.

IMPARFAIT.

Je me conduisais bien, sans être plus heureux.
Tu te taisais alors : tu n'étais pas joyeux.
Il se repentait bien de sa lâche conduite.
Nous nous battions, soudain l'ennemi prit la fuite.
Vous vous réjouissiez de vous voir en crédit.
Ils s'en allaient contens de ce mince profit.

PRÉTÉRIT DÉFINI.

Je me conduisis là comme on devait le faire.
Tu te tus sur-le-champ, contre ton ordinaire.
Il se repentit là de sa témérité.
Nous nous battîmes tous pour notre liberté.
Vous vous fîtes soldats pour sauver la patrie.
Ils se dirent : servons notre France chérie !

Vous vous plaignîtes tous, et vous eûtes raison.
Ils s'en allèrent donc loger dans sa maison.

PRÉTÉRIT INDÉFINI.

Je me suis mieux *conduit* que vous le voulez dire.
Tu t'es tû, tu fis bien, pourquoi le contredire?
Il s'est bien *repenti* du mal qu'il avait fait.
Nous nous sommes battus tous les deux sans sujet.
Vous vous êtes, dit-on, *réjouis* de ses peines.
Ils s'en sont tous *allés* sur des rives lointaines.

PRÉTÉRIT ANTÉRIEUR.

Je me fus mal *conduit* sans vous, je le sens bien.
Tu te fus tû dès-lors qu'il ne te disait rien.
Il se fût répenti de cette négligence.
Nous nous fûmes battus sans esprit de vengeance.
Vous vous fûtes bientôt *réjouis* d'un tel don.
Ils s'en furent allés demander leur pardon.

PLUS-QUE-PARFAIT.

Je m'étais donc *conduit* alors avec prudence.
Tu t'étais tû chacun admirait ton silence.
Il s'était repenti de son trop de bonté.
Nous nous étions battus pleins d'intrépidité.
Vous vous étiez long-temps *réjouis* de l'entendre.
Ils s'en étaient allés, s'ennuyant de l'attendre.

FUTUR.

Je me conduirai là comme j'ai fait ici.
Tu te tairas, chacun parle pour celui-ci.
Il se repentira de son trop de franchise.
Nous nous battrons; l'honneur sera notre devise.

Vous vous réjouirez de vos nombreux succès.
Ils s'en iront contraints de demander la paix.

FUTUR COMPOSÉ.

Je me serai conduit en véritable frère.
Tu te seras donc *tû* pour ne pas lui déplaire.
Il se sera, trop tard, *repenti* de ses torts.
Nous nous serons battus comme étant les plus forts.
Vous vous serez alors *réjouis* à ses noces.
Ils s'en seront allés lui demander des forces.

CONDITIONNEL PRÉSENT.

Je me conduirais là comme je fis toujours.
Tu te tairais pendant qu'il dirait son discours.
Il se repentirait, et vous lui feriez grâce.
Nous nous battrions tous, en bravant sa menace.
Vous vous réjouiriez de le voir éconduit.
Ils s'en iraient soudain sous leur triste réduit.

PASSÉ.

Je me serais conduit toujours avec noblesse.
Tu te serais donc *tû* pour prouver ta sagesse.
Il se serait alors *repenti* sans sujet.
Nous nous serions battus, l'honneur le commandait.
Vous vous seriez, je crois, *réjouis* à sa fête.
Ils s'en seraient allés certains de la conquête.

IMPÉRATIF.

Conduis-toi noblement, sois brave, courageux.
Tais-toi, laisse parler cet homme généreux.
Qu'il se repente bien du mal dont il fut cause.
Battons-nous, puisqu'il faut que l'honneur en dispose.

Réjouissez-vous donc, votre frère est nommé.
Qu'ils s'en aillent, lui seul doit être proclamé.

SUBJONCTIF PRÉSENT.

Que je me conduise avec bien plus de justice.
Que tu te taises donc; fais-en le sacrifice.
Qu'il se repente enfin d'avoir agi si mal.
Que nous nous battions tous, l'élan est général.
Que vous vous consoliez en le voyant paraître.
Qu'ils s'en aillent soudain le faire reconnaître.

IMPARFAIT.

Que je me conduisisse alors modestement.
Que tu te tusses là, c'eût été qlus prudent.
Qu'il se repentît bien, car les cas étaient graves.
Que nous nous battissions, ne sommes-nous plus braves?
Que vous vous offrissiez pour défendre ses droits.
Qu'ils s'en allassent tous comptant sur leurs exploits.

PRÉTÉRIT.

Que je me sois conduit comme un sujet fidèle.
Que tu te sois donc *tû* devant ce beau modèle.
Qu'il se soit repenti de ses folles erreurs.
Que nous nous soyons là *battus* sans défenseurs,
Que vous vous soyez tous *réjouis* à l'avance.
Qu'ils s'en soient allés combattre pour la France.

PLUS-QUE-PARFAIT.

Que je me fusse alors *conduit* avec honneur.
Que tu te fusses tû, mais sans avoir eu peur.
Qu'il se fût repenti de son peu de sagesse.
Que nous nous fussions tous *battus* avec noblesse.

Que vous vous fussiez tous *réjouis* du succès.
Qu'ils s'en fussent allés, certains d'avoir la paix.

INDICATIF PRÉSENT.

Se conduire en vainqueur, et pardonner en frère.

PRÉTÉRIT.

S'être tû, c'eût été mettre trop de mystère.

PARTICIPE PRÉSENT.

Se repentant trop tard, on ne répare rien.

PASSÉ.

Il s'est battu, dit-on, pour défendre son bien.
Comme elle fut battue en cette circonstance.
S'étant bien réjouis du bonheur de la France.

FUTUR.

Mais *devant s'en aller*, il fallut en finir.
Il nous fit ses adieux pour ne plus revenir.

CONJUGAISON DES VERBES

IMPERSONNELS.

INDICATIF PRÉSENT.

Il faut être obligeant, et surtout honnête homme.
Il importe beaucoup de parler de la somme.

IMPARFAIT.

Il fallait, en ce cas, ne pas lui demander.
Il importait surtout de nous bien commander.

PRÉTÉRIT DÉFINI.

Il fallut aussitôt en parler à son père.
Il importa dès-lors de bien traiter l'affaire.

PRÉTÉRIT INDÉFINI.

Il a fallu marcher dans ce désordre affreux.
Il a donc importé de visiter ces lieux.

PRÉTÉRIT ANTÉRIEUR.

Il eût fallu le voir aux champs de la victoire.
Il eût donc importé de parler de sa gloire.

PLUS-QUE-PARFAIT.

Il avait fallu plaire au valeureux guerrier.
Il avait importé qu'on chassât l'étranger.

FUTUR.

Il faudra qu'il succombe en cette circonstance.
Il importera donc de défendre la France.

FUTUR COMPOSÉ.

Il aura fallu là montrer tout son savoir.
Il aura, je crois, *importé* de le voir.

CONDITIONNEL PRÉSENT.

Il faudrait l'obtenir à force de prières.
Il importerait donc d'avoir plus de lumières.

PASSÉ.

Il aurait fallu voir tous nos braves soldats.
Il aurait importé de gagner des combats.

SUBJONCTIF PRÉSENT.

Qu'il faille, en cet instant, mourir pour sa patrie.
Qu'il importe surtout de lui sauver la vie.

IMPARFAIT.

Qu'il fallût, pour cela, montrer tou son crédit.
Qu'il importât alors d'agir avec esprit.

PRÉTÉRIT.

Qu'il ait fallu montrer un mâle caractère.
Qu'il ait bien importé de paraître sévère.

PLUS-QUE-PARFAIT.

Qu'il eût fallu dès-lors préserver son pays.
Qu'il eût donc *importé* de traiter ses amis.

INFINITIF PRÉSENT.

Falloir être prudent, agir avec noblesse
Importer avec fruit, parler avec sagesse.

PARTICIPE PASSÉ.

Ayant fallu briller, il devint malheureux.
Ayant importé peu qu'il se montrât joyeux.

CHAPITRE VI.

DU PARTICIPE.

Le mot qui vient du verbe, et qui, dans son principe,
Peut servir d'adjectif, se nomme *Participe.*
Il sert d'organe au verbe, il est son complément.
Ainsi donc c'est de lui qu'il tient le plus souvent.
Aimant Dieu, *pardonnant* et *secourant* son frère.
Être *aimé* de son Dieu, *secouru* de son père.
Il tient de l'adjectif ; et sa propriété
De la personne aussi montre la qualité :
Le vieillard *honoré*, la femme *bienfaisante*,
Le souverain *aimé*, la fille *obéissante*.

Le Participe encor est présent ou passé :
Retenant, retenu, dispersant, dispersé.
Le premier, dit présent, toujours invariable,
En *ant* est terminé ; mais l'autre est peu traitable,
Chanté, teint, recouvert, joint, écrit, répandu,
Exclus, déconcerté, mis, uni, confondu.

CHAPITRE VII.

DE LA PRÉPOSITION.

Mot invariable.

La *Préposition* est mise et proposée
Devant sont complément ; elle est donc composée
Pour marquer les rapports que différens sujets
Peuvent avoir entr'eux sur différens objets.

EMPLOI DES PRÉPOSITIONS.

De ce grand général admirez la vaillance ;
Sous son commandement chacun de nous s'élance.
Belle *de* ses attraits, tendant à tous les bras,
Elle enflamme le cœur *de* nos vaillans soldats.
Après avoir vaincu le fier absolutisme,
Autour des bons Français l'ardent patriotisme,
En secondant l'élan *de* leurs cœurs généreux,
Dans de nobles sentiers guide leurs pas heureux.

Au-delà des confins de notre territoire,
Nonobstant les dangers, ils iront à la gloire,
Et *devant* l'ennemi , *sans* craindre le trépas,
Vers les climats glacés ils porteront leurs pas.
Parmi les fiers guerriers jaloux *de* notre gloire,
J'aperçois l'Autrichien qui rêve la victoire ;
Le Russe est *hors de* lui ; dans ses bouillans accès,
Il voudrait opprimer le brave Polonais.
Ce dernier, *sur* le fer qui soutient sa vaillance
Appuyé noblement, ne craint plus sa puissance :
Il est *près de* le voir au sein *de* ses foyers,
Outrager sans pitié de valeureux guerriers,
Mais l'absolu pouvoir est *loin de* le convaincre ;
Avant de l'opprimer , il faut pouvoir le vaincre.
Depuis le jour heureux où l'humble liberté
Le délivra *du* joug de son autorité ,
Le brave Polonais, selon son noble usage ,
Chez lui sait défier le Russe qui l'outrage.
Voici l'heureux moment où le peuple vainqueur
Chérira le bon Roi, punira l'oppresseur.
Sous un sceptre de fer il ne peut être esclave ;
On lui doit des égards, *surtout* quand il est brave.
Prêt à donner son sang, s'il le faut, pour son Roi,
Il défend ses foyers et l'honneur et sa loi.
Touchant la Liberté, qui pour nous a des charmes,
Contre un peuple éclairé pourquoi porter les armes ?
Sauf un meilleur avis, que veulent donc les Rois ?
Jusques à quand enfin braveront-ils nos droits ?
Entre tant d'intérêts, je vois que l'égoïsme ,
Selon eux, a le pas sur le patriotisme.
Suivant ses vieux pouvoirs, l'ancienne royauté
Voudra donner des fers *à* notre Liberté :
Durant un trop long temps on souffrit son empire ;
Mais, lassé *de* son joug, le peuple qui soupire,

Devant les Rois bientôt montrera sa valeur,
Et fera respecter ses droits et son honneur.

CHAPITRE VIII.

DE L'ADVERBE.

Mot invariable.

Le mot qui suit toujours l'adjectif et le verbe,
En les modifiant, a pris le nom d'*Adverbe*;
Il sait en exprimer les manières, le sens,
En donnant au sujet des éclaircissemens :
Je vois que cet enfant *distinctement* s'exprime ;
Il parle *poliment*, mais il n'est pas sublime.
Chacun voit par ce mot *distinctement*, enfin,
Qu'il est clair en parlant, et qu'il s'exprime bien.
Les adverbes en *ment*, dans leurs causes premières,
Venant des adjectif, expriment les manières :
Mon fils, soyez discret, agissez *sagement* ;
Dans vos discours, toujours, parlez *modestement*.
D'autres indiquent l'ordre, il faut les reconnaître :
D'*abord*, on fait le *bien* ; *ensuite*, on peut paraître.
Je veux *auparavant*, Monsieur, vous faire voir,
Ce que *premièrement* il vous faut concevoir.
Ceux qui marquent le lieu : je vais *là* pour apprendre.
Ailleurs, tous ces bijoux pourront fort bien se vendre.

Partout où vous irez, sachez que vos talens
Vous feront distinguer des hommes ignorans.
On me mit *tout-au-près* ; alors je fis connaître
Tous les droits que j'avais pour y parler en maître.
Où voulez-vous aller pour être mieux reçus ?
Par qui Dieu seul est tout, il n'est rien *au-dessus.*
On les a mis *dehors*, on ne savait qu'en faire ;
Ils sont allés *bien loin* sans trouver leur affaire.
Les adverbes de temps : j'irai vous voir *demain* ;
Aujourd'hui je ne puis, le temps est incertain.
Autrefois vous aviez ce puissant avantage ;
Maintenant vos vieux ans vous en ôtent l'usage.
Il doit *bientôt* venir, du moins il l'a promis.
Il trompe assez *souvent*, jusques à ses amis.
Mais j'étais riche *alors*, j'avais la préférence.
Jusqu'ici j'ai pensé qu'il habitait la France.
La lumière du ciel, qui ne s'éteint *jamais*,
De l'Éternel, *toujours*, réfléchit les bienfaits.
Tous ceux de quantité : *combien* il fut injuste !
Et *peu* reconnaissant envers ce prince auguste.
Il faut *beaucoup* d'argent, je m'en suis aperçu ;
Je n'en ai point *assez*, et je suis mal reçu.
Ceux de comparaison : ce livre est très-utile,
Et *plus* vous le lirez, *plus* vous serez habile.
Il est *aussi* savant que votre précepteur,
Mais *moins* sage que lui, cela fait peu d'honneur.
Il est des adjectifs qui sont de vrais adverbes ;
Ils se placent, enfin, toujours après les verbes.
On dira chanter *faux*, parler *bas*, rester *court* ;
Sentir *bon*, et voir *clair*, frapper *fort* comme un sourd.
Quelquefois un adverbe en substantif se change :
C'est se plaindre *du trop*, et le fait est étrange.
Le *peu* d'argent que j'ai, Monsieur, ne suffit pas.
Le *moins* que vous pourrez, parlez-lui du trépas.

L'adverbe composé nous montre l'assemblage
Des mots qui, joints entr'eux, en conservent l'usage.
C'est bien *mal-à-propos* si vous vous en plaignez,
Quand *tout-à-coup* on voit que vous vous éloignez.
Il vient de *temps-en-temps* me rendre sa visite;
Mais je hais *tout-à-fait* l'intrigant parasite.
L'*adverbe* est différent par sa construction;
Il faut le distinguer : la préposition
A son régime après qui nous la rend sensible,
Et l'*adverbe*, en un mot, n'en est pas susceptible :
Mon frère est arrivé bien long-temps *avant moi*.
Vous allez trop *avant*, soyez de bonne foi.
A vivre loin de *lui*, je ne puis me résoudre.
Il dit qu'il était *loin*, lorsque tomba la foudre.

CHAPITRE IX.

DE LA CONJONCTION.

Mot invariable.

Lorsque l'on veut unir deux propositions,
Il faut user des mots nommés *Conjonctions*.
La proposition, ainsi qu'on doit l'entendre,
Énonce un jugement que l'esprit peut comprendre;
Et la *conjonction* le lie en tous les sens,
En donnant au discours des éclaircissemens.

EMPLOI DES CONJONCTIONS.

J'aime à voir un époux *et* sa douce compagne,
Loin du fracas des grands, n'aimant *que* la campagne ;
Ni l'or, *ni* la grandeur ne peut troubler leur paix ;
Ils sont *aussi* contens qu'au milieu d'un palais.
Bien que pauvres tous deux, ils sont exempts d'alarmes,
Et la douce amitié répand sur eux ses charmes.
Cependant, à les voir dans cet humble réduit
Vivre modestement du plus mince produit,
On pourrait *toutefois* plaindre leur indigence,
Mais on se tromperait : leur tranquille innocence
Les rend toujours heureux, *et* leur frugalité,
Quoiqu'on en dise, *enfin*, leur donne la santé.
Ils sont laborieux, *et pourtant* sans envie,
Satisfont largement aux besoins de leur vie.
Que l'on soit opulent, *ou* qu'on ne le soit pas,
Lorsqu'on se satisfait, on est riche ici-bas.
Le plus heureux toujours est celui qui croit l'être,
Et non pas, *comme* on dit, celui qu'on voit paraître.
L'honnête homme indigent bénit le Créateur ;
C'est-à-dire qu'il peut goûter le vrai bonheur.
Lorsque je racontais cette charmante histoire,
Avant que d'achever, on louait ma mémoire.
Je vous vendrai mon bien, *pourvu qu'*au même instant
Vous m'en donniez le prix, Monsieur, argent comptant.
*Supposé qu'*un ami vous prête cette somme ;
Si vous ne l'avez pas, je ne suis plus votre homme.
Car, sans argent, vraiment, je ne puis rien donner.
Puisque vous le voulez, il faut lui pardonner.
En sorte que, plus tard, je puisse enfin le faire.
D'autant que vous pouvez prétendre au ministère.

4

Dès que vous paraîtrez , chacun sera charmé.
Pourquoi balancez-vous? le Roi vous a nommé.
Afin que vous puissiez avoir cet avantage ,
Il faut aller, Monsieur, lui rendre votre hommage.
Attendu que quelqu'un pourrait vous supplanter :
Il convient *en effet* de vous y présenter.
D'ailleurs, vous méritez cette faveur insigne ;
Et chacun sait surtout que vous en êtes digne.
Du reste, qui pourrait mieux remplir cet emploi?
Or, vos nombreux talens , sont reconnus de moi ;
Par conséquent, Monsieur, vous n'avez rien à craindre ;
Aussi, rassurez-vous, et cessez de vous plaindre.
Je crois *que* vous ferez un jour un bon soldat,
Et que vous paraîtrez alors avec éclat.
La conjonction *que*, qu'on voit souvent paraître,
Du mot *que* relatif, est facile à connaître :
On la distingue donc d'après ce seul moyen ,
Qu'on ne peut la tourner, et le fait est certain,
Par *lequel*, ni *laquelle* ou même *quelle chose*,
Et chacun maintenant en sent la juste cause.

CHAPITRE X.

DE L'INTERJECTION.

Mot invariable.

Le mot dont on se sert pour rendre un sentiment ,
Soit de crainte, de joie, ou d'encouragement,

Est *l'Interjection* : *Ah!* comme il est honnête !
Bon.! je suis assuré de faire sa conquête.
Pour la douleur : *Hélas!* c'est un homme perdu !
Ouf! c'est un guet-à-pens : il sera donc pendu !
Et pour rendre la crainte : *Hé!* que voulez-vous faire ?
Ha! c'en est fait de vous! vous déclarez la guerre!
L'aversion : *Fi donc!* le petit entêté !
Fi! c'est vilain Monsieur, dites la vérité.
Pour l'admiration : *Oh!* que c'est magnifique !
Oh! le joli garçon! jamais il ne réplique.
Puis, pour encourager : *allons!* préparez-vous!
Ça! Messieurs, commencez; *courage!* gare aux coups !
Pour appeler quelqu'un : *Hola!* venez petite !
Hé! Monsieur Frédéric, où courez-vous si vîte ?
Pour faire taire : *Chut !* ne soufflez pas le mot.
Paix! taisez-vous, mon fils, on parle d'un complot !

DE LA SYNTAXE.

CHAPITRE XI.

Il convient d'indiquer, pour compléter l'ouvrage,
Comment les mots entr'eux sont joints d'après l'usage.
La *Syntaxe* consiste à graver dans l'esprit
L'accord qui doit régner dans tout ce qu'on écrit.
Ainsi, lorsque l'on veut transmettre sa pensée,
Il faut que la raison ne soit jamais blessée ;
Que le concours des mots fixe l'attention,
Chaque fois qu'on émet sa proposition.
Mais pour que la clarté dans le discours préside,
Il faut que la *syntaxe* avec grâce le guide.
Que les règles de l'art, cimentant les écrits,
Leur donnent, en tout temps, et leur lustre et leur prix.
La proposition est ce que l'on appelle,
D'un jugement émis la peinture fidèle.
Quand je dis : l'Éternel est juste et révéré,
J'exprime, avec raison, qu'à cet être honoré
Convient la qualité de révéré, de juste ;
Qu'il sait les mériter par sa puissance auguste.

CHAPITRE XII.

SYNTAXE DES NOMS.

Le genre est différent dans plus d'un nom commun ;
Il faut savoir celui qui convient à chacun.
Au nom pris en sujet tout enfin se rapporte,
Et le discours toujours montre de quelle sorte :
Rien ne peut arrêter un *homme ambitieux ;*
Qui pourrait retenir son élan courageux ?
Calme au sein du danger, jamais il ne s'arrête ;
Son cœur n'est point ému, quand gronde la tempête,
Et les difficultés qui naissent sous ses pas,
N'attristent point son cœur, il brave le trépas ;
Il se refond sans cesse, il se métamorphose,
Force son naturel, l'asservit à sa cause ;
S'assujétit à tout, en volant aux exploîts,
Il n'est jamais content, bien qu'il commande aux Rois.
On voit qu'*ambitieux* s'attribue au mot *homme,*
Et que tout le discours le modifie en somme.
Le nom en apostrophe a toujours pour objet
D'être pris, en parlant, pour motif du sujet :
Peuples, préparez-vous, on va parler de guerre ;
Rois, suspendez vos coups, calmez votre colère.
Rochers, *monts escarpés*, recevez mes adieux,
Je quitte *pour* toujours vos bords silencieux.

Mais quand le nom dépend d'un autre qu'on exprime,
En restreignant le sens, est dit être en régime :
Ainsi la *loi de Dieu*, loger *chez son parent* :
Bien aimer son *prochain*, vendre un moulin *à vent*,
Sont des noms en régime : *en les voyant paraître*,
La préposition les fera reconnaître.

FORMATION DU PLURIEL DANS LES SUBSTANTIFS

COMPOSÉS.

Lorsqu'au nom composé, formé d'un substantif,
Se joint un second nom ou bien un adjectif,
Ils prennent tous les deux, la règle en est le gage,
La marque du pluriel, d'après l'antique usage :
Un *chef-lieu*, des *chefs-lieux* ; un *plain-chant* des *plains-*
Un vilain *chat-huant*, de vilains *chats-huants* ;   [*chants* ;
La préposition, d'après une remarque,
Écrite entre deux noms, veut qu'on mette la marque
Au premier seulement, qu'on écrit au pluriel :
Un *chef-d'œuvre* admirable, un superbe *arc-en-ciel*,
De *chefs-d'œuvre* charmans, notre littérature
Présente des auteurs la savante peinture.
Vois-tu ces *arcs-en-ciel* ? leur aspect radieux
Donne encor de l'éclat à la voûte des cieux.
Un verbe joint au nom présente un cas semblable ;
Le nom prend le pluriel, l'autre est invariable.
La préposition, conforme au même cas,
En se joignant au nom, veut qu'il ne change pas.
On dit un *boute-feu* ; *passeport* pour la Chine ;
Un superbe *abat-jour* ; l'*avant-coureur* chemine.
D'imprudens *boute-feux* ; d'utiles *passe-ports* ;
On met des *abat-jours* montés sur des supports.

Les nombreux armemens qu'on fait sur la frontière,
Sont les *avant-coureurs* d'une terrible guerre.
Mais il en est aussi qui ne changent jamais :
Il donne des *pour-boire* au valet de l'Anglais.
Quatre *passe-partout* nous seront nécessaires,
Car nous avons ici différens locataires.

CHAPiTRE XIII.

SYNTAXE DE L'ARTICLE.

L'article sert aux noms, et doit les présenter,
Aussi, devant chacun, il faut le répéter :
La fraude, *les* procès, *le* parjure et *l'*outrage,
Les guerres, en un mot, n'auront point mon hommage.
L'article est supprimé devant les noms enfin ,
Dits interminés, et le fait est certain,
Lorsqu'ils sont précédés d'un adjectif utile :
Il a *de grands talens ;* oui, c'est un homme habile.
J'ai bu *de bon vin vieux* en soupant avec lui.
Il faut *de bons écus* pour paraître aujourd'hui.
Mais aux noms employés dans un sens tout contraire,
Et dits déterminés , l'article est salutaire.
Lors même que ces noms, dans le sens partitif,
Seraient tous précédés même d'un adjectif :
Il n'est pas dépourvu, c'est une chose sûre,
Des grands talens enfin qu'il faut pour la peinture.
Ce marchand s'est défait , avec juste raison,
Des riches ornemens qui meublaient sa maison.

Devant les noms communs, très-souvent il arrive
Que l'article écarté rend la diction vive :
Pauvreté n'est pas vice, il faut en convenir ;
Mais elle offre au mortel un bien triste avenir.
Étrangers, *Peuples*, *Rois*, en veulent à la France ;
Citoyens et *Soldats* montreront leur vaillance.
L'article est supprimé toujours devant un nom
Écrit en apostrophe, en interjection ;
O précieux dépôt! O mânes de mon père !
Le destin en fit don à la terre étrangère !....
O rives de la Seine! *O champs* aimés des Cieux !
Le peuple triomphant punit les factieux.
Mis sous le complément du mot *en*, on l'écarte :
Être *en ville*, *en campagne*, *en habit* d'écarlate.
Quand il s'unit au verbe *avoir* et *faire*, enfin :
Avoir droit de parler ; se réveiller matin ;
Il convient *de voir clair*, *d'agir en conscience*,
De n'y point *prendre part*, *d'attendre en patience.*
Chercher toujours *fortune*, et *rencontrer malheur ;*
Tenir parole à tous, ne jamais *faire peur.*
Dans l'affirmation, l'article est nécessaire ;
La phrase négative exige le contraire :
Ainsi l'on dira donc : je bois *du vin* clairet ;
Et ne bois jamais *de vin* au cabaret.
Devant les mots *à, de*, lorsqu'ils sont joints ensemble,
Pour exprimer le mode enfin qui les rassemble :
Caractère à changer, *esprit à tout prévoir ;*
Tableau de Raphaël, et *chambre à recevoir.*
On le supprime encor, d'après ces lois utiles,
Devant les noms des *dieux*, des *hommes* et des *villes* :
Mais *Jupiter* paraît, ce souverain des Cieux,
Fait à son seul aspect trembler les autres Dieux.
Écho se plaint souvent du jeune et beau Narcisse.
Paris a triomphé ; que l'ennemi périsse !

CHAPITRE XIV.

SYNTAXE DE L'ADJECTIF.

ACCORD DES ADJECTIFS AVEC LES SUBSTANTIFS.

En genre ainsi qu'en nombre, il faut que *l'Adjectif*
S'accorde en tous les temps avec son substantif :
Le *bon père* est aimé ; voyez la *bonne mère*,
Combien elle est chérie, et comme on la révère !
J'aime ces *beaux climats*, leur attrait enchanteur
A mes sens attendris présente le bonheur.
Ces *agréables fleurs* embaument cet asile ;
Ces *gazons* toujours verts tapissent ma charmille.
Devant un substantif le mot *demi* toujours
Demeure invariable ; après, il suit son cours :
Une *demi*-douzaine est loin de nous suffire,
C'est un pâté pour deux ; vraiment vous voulez rire.
La douzaine et *demie*, alors que vous devez,
Fera patienter, Monsieur, si vous l'offrez.
La *demie* est sonnée, et mes sœurs endormies,
Ne se réveillant pas, sont sourdes aux *demies*.
Il va *nu-pieds*, *nu-tête*, et *nu-jambes*, pourquoi ?
C'est qu'il n'a rien : pourtant il est plus gai qu'un Roi.

Si j'allais *tête nue* ou *pieds nus*, *jambes nues*,
Je n'oserais vraiment me montrer dans les rues.
Le substantif auquel l'adjectif est uni,
Souvent sous-entendu, quoique d'un sens fini,
Lorsque cet adjectif superlatif l'aborde,
Au nom sous-entendu toujours enfin s'accorde :
Le printemps est la plus *charmante* des saisons.
L'arsenic est le plus *perfide* des poisons.
Le substantif *saison* sous-entendu se lie
A l'adjectif *charmante*, et jamais ne varie.
On dit : elle a *l'air bon*, elle a *l'air très-content*;
Elle a *l'air gracieux*, et non *indifférent*.
Deux noms au singulier, d'après une remarque,
Veulent que l'adjectif du pluriel ait la marque :
Le soldat et *le roi*, quand arrive la mort,
Sont *égaux*, et tous deux éprouvent même sort.
Si les deux substantifs sont d'un genre contraire,
Le pluriel masculin alors est nécessaire :
Mon beau-frère et *ma sœur* ne sont pas très-*heureux*;
Et *mon fils* et *ma fille* ont été peu *chanceux*.
Ce collier, *cette montre* embellissent vos charmes :
On vous les a *donnés* pour essuyer vos larmes.
Mais quand deux substantifs de genre différent,
D'objets inanimés se suivent constamment,
Il faut que l'adjectif, qui tous deux les escorte,
Au genre du dernier s'unisse et se rapporte :
On prit un procureur, dont le discernement
Et *l'application parfaite*, assurément,
Débrouilla le cahos de cette affaire injuste,
Et fit pencher pour nous un tribunal auguste.
On voit dans la vertu le plus parfait bonheur ;
Et l'humble *ingénuité* nous *captive* le cœur.
Il trouva les étangs, les *rivières glacées*;
Il vit les régimens, des *hordes dispersées*.

Cependant il faut dire, avec juste raison ,
Après six *mois* de temps *écoulés* en prison.
Cinq *jours* de la semaine *employés* à s'instruire ;
Des *costumes* de cour , *propres* à faire rire.

EMPLOI DES ADJECTIFS AVEC L'ARTICLE.

Aux noms accompagnés d'adjectifs opposés ,
Les articles toujours devant eux sont posés ;
Les vieux et *les nouveaux* soldats rivalisèrent ;
Les braves, les peureux citoyens se montrèrent.

PLACE DES ADJECTIFS.

L'usage règle seul le lieu de l'adjectif :
Il est placé devant, ou suit le substantif ;
Mais le même adjectif change le sens des choses,
Et sa position en explique les causes :
Un *grand homme* est celui dont les rares talens
Se joignent aux vertus, aux mérites brillans.
L'homme grand est celui dont la taille élevée
Le fait placer souvent en tête de l'armée.
On dit : un *galant homme*, et chacun dans son cœur
Sent qu'il est juste et probe , et porté pour l'honneur ;
Mais un *homme galant* ne cherche à plaire aux dames,
Qu'afin de recevoir un tribut de leurs charmes,
Aussi *l'homme galant*, d'après cette raison ,
Est loin du *galant homme*, aimé de la maison.
L'honnête homme est rempli de vertus , de noblesse ;
L'homme honnête en diffère avec sa politesse.
L'homme plaisant souvent séduit par sa gaîté ;
Le plaisant homme excite enfin l'hilarité.
L'auteur pauvre est aimé, quoiqu'il soit sans fortune ;
Tandis qu'un *pauvre auteur*, sans mérite , importune.

RÉGIME DES ADJECTIFS.

Sachez que le régime, enfin, d'un adjectif,
Est quelquefois un verbe ou bien un substantif
Précédé de ces mots *à*, *de*, *pour*, *par*, en sorte
Qu'on voit avec raison qu'ils lui prêtent main-forte :
Digne de récompense, et *propre à gouverner* ;
Enfant *chéri de tous*, et *prompt à pardonner*.
Parfois deux adjectifs peuvent régir ensemble
Un même substantif qu'un seul régime assemble.
Un *homme utile* et *cher* à ses concitoyens ;
Mais non, *il est utile* et *bien chéri* des siens.
Utile ici ne peut, on le sent à merveille,
Régir des *siens* : pourquoi choquer ainsi l'oreille ?

ADJECTIFS DE NOMBRE.

Suivi d'un substantif, *cent* prend *s* à la fin :
Deux cents individus composaient le festin.
Suivi du nom de nombre, il est invariable :
Deux cent cinquante écus, pour vous c'est raisonnable.
Cent est un substantif masculin quelquefois,
On peut dire *un cent d'œufs*, *un joli cent d'anchois*.
Et *vingt*, dans *quatre-vingts*, suit le même principe :
Sur *quatre-vingts soldats*, pas un n'y participe. —
Quatre-vingt six dragons furent faits prisonniers.
— Voyez *des Quinze-Vingts* les illustres guerriers.
On dit *le vingt* du mois ; *le vingt*, il se marie.
Sur *vingt un témoins*, pas un d'eux ne varie.
Trente-un jours passés au milieu des plaisirs,
Sont autant de perdus en futiles loisirs.
On écrit *mil* ainsi pour désigner les dates :
L'an mil sept cent vivait l'astronome Descartes.

Sans *s* on écrit *mille* : après *mille* détours,
Cet avocat rusé prononça son discours.
Les Mille et une Nuits sont des contes à rire ;
Mais tout plaisans qu'ils sont, ils sauront vous instruire.
Tous deux et *tous les deux* diffèrent par le sens,
Et demandent ici des éclaircissemens :
On dit que Pierre et Paul iront *tous deux* se battre.
Pierre et Paul *tous les deux* iront aussi combattre.
Dans le premier exemple, on veut vous exprimer
Que Pierre et Paul prendront un lieu pour s'escrimer,
Qu'ils se battront, enfin, restant toujours ensemble ;
Mais que le second cas diffère en son ensemble,
En ce qui combattront *tous les deux* sûrement,
Sans exprimer le lieu : chacun séparément.

ACCORD DES ADJECTIFS AVEC LES SUBSTANTIFS
COLLECTIFS.

Quand au *nom collectif*, il montre l'assemblage
De différens objets dont on connaît l'usage:
Il est ou *général*, ou bien dit *partitif*,
Il faut donc distinguer chaque nom collectif :
Ainsi le *général*, dans toutes ses parties,
Offre un tout composé de choses réunies :
La foule était immense, et *le peuple* nombreux
Secondait noblement nos soldats courageux.
La troupe se campa : *la forêt* entamée,
Ne put servir d'asile à sa nombreuse *armée*.
Le partitif désigne assez distinctement
Un nombre extrait d'un tout pris collectivement :
La moitié fut d'avis de déclarer la guerre ;
La plupart, cependant, *voulaient* tout le contraire.

RÈGLE DES PARTITIFS GÉNÉRAUX.

L'adjectif, le pronom et le verbe toujours
S'accordent constamment dans l'utile discours
Avec le général collectif qui les guide,
Et non au substantif qui par fois y préside.
L'armée battue et mise alors hors de combat,
Éteignit tout-à-coup la valeur du soldat.
La foule des blessés nous *arracha* des larmes,
Et chacun accusait le triste sort des armes.

RÈGLE DES COLLECTIFS PARTITIFS

Quand à ce second cas, le verbe et l'adjectif
S'accorderont au nom qui suit le partitif :
La plupart des enfans sont légers, peu dociles.
Beaucoup de paresseux circulent dans les villes.
Nombre d'historiens l'ont ainsi raconté.
La moitié de ce bien vous sera disputé !
Mais lorsque *la plupart*, dans telle circonstance,
Se dit absolument, le verbe prend d'avance
La marque du **pluriel**, soit que le nom qui suit
Soit mis au singulier, l'usage l'y réduit.
La plupart du Sénat voulaient qu'on leur fît grâce.
La plupart ont voulu se rendre sur la place.

REMARQUE SUR LE MOT PEU.

Suivi d'un nom commun, *peu* présente deux sens
Qu'il est bon d'expliquer, étant bien différens.
Quand *peu* désigne enfin la quantité petite,
L'adjectif prend du nom le genre qui l'invite :
Le peu de viande, ami, qu'il a mangée est loin
De causer ce mal-aise et ce pressant besoin.

Et *le peu de fortune*, enfin qu'ils ont acquise,
Les firent prospérer, s'ils ont de la franchise.
Mais la privation, le manque de l'objet,
Sans changer l'adjectif, l'asservit au sujet :
Le peu d'affection qu'il m'a montré fut cause
Que j'ai tout fait pour vous, et pour lui peu de chose.

ADJECTIFS POSSESSIFS.

Sachez que *son*, *sa*, *ses*, adjectifs possessifs,
Ne peuvent être joints, quoiqu'ils soient relatifs
Au même substantif de chose inanimée,
A moins que cette chose y soit bien exprimée.
On dira : ce poète a *ses* admirateurs ;
Cet avis important a *ses* contradicteurs ;
Mais on ne dira pas, et la règle est formelle,
J'aime ce beau portrait et sa grâce fidèle.
Ici l'adjectif *sa* se joint au nom *portrait*,
Objet inanimé, qui ne peut en effet,
N'étant point exprimé dans la seconde phrase ;
Permettre qu'on écrive avec autant d'emphase.
Quand *son*, *sa*, *ses*, sont mis avec intention,
Et qu'ils ont derrière eux la préposition,
On devra s'en servir : *ce temple est magnifique*,
J'admire la beauté de son large portique.

DES ADJECTIFS TOUT ET QUELQUE.

Le mot *tout*, le mot *quelque*, ont un sens différent,
Et chacun d'eux devient même adverbe constant.
Le mot *tout*, employé dans un cas très-utile,
Comme conjonction, adverbe, est donc facile
A distinguer : enfin, il reste toujours tel
Devant un adjectif masculin, au pluriel :

Sachez que vos enfans *tout aimables* sont dignes
De mériter de vous ces médailles insignes.
Il faut que ces vins là, Monsieur, soient bus *tout purs*.
Ils sont *tout étonnés*, sans en être bien sûrs.
L'adjectif féminin, formé d'une consonne,
Fait prendre à ce mot *tout* le genre qu'il lui donne :
Elle est *toute surprise*, et ne nous entend point ;
Elle est *toute malade*, et perd son embonpoint.
Ces dames sont vraiment *toutes pleines* de grâces :
Les roses du printemps éclosent sur leurs traces.
Tout devant la voyelle, enfin, ne change pas :
Cette chambre est *tout autre*, on n'y peut faire un pas.
Mais ses oreilles sont, je crois *tout écorchées* ;
Mon frère aurait voulu les voir *tout arrachées*.
Lorsqu'entre *quelque* et *que* l'adjectif est placé,
Quelque est invariable, il est ainsi classé :
Quelque puissants qu'ils soient, les Rois sont tous des hommes
Quelqu'aigres qu'elles soient, ils mangent donc ces pommes
Quelque belles vertus que vous lui connaissiez,
Vous ne lui direz pas que vous le chérissiez ?
Lorsqu'entre *quelque* et *que* un nom enfin se lie,
En nombre avec ce nom le mot *quelque* s'allie :
Quelques richesses que vous puissiez nous offrir,
Monsieur, il ne faut pas vous en énorgueillir :
Quelques larmes enfin que vous ayez versées,
Cela ne change rien à vos tristes pensées.
Lorsque *quelque* est suivi d'un verbe au subjonctif,
On l'écrit en deux mots, le cas est positif :
Quelle que soit, Monsieur, votre rare prudence,
Quels que soient vos motifs et votre prévoyance,
Quel que soit le savoir que vous ayez acquis,
On médira de vous dans ce maudit pays.
Souvent, comme un seul mot, *quelque chose* s'emploie :
Quelque chose a sans doute éteint chez lui la joie.

C'est *quelque chose* aussi qui paraît bien fâcheux ;
Mais qu'on doit oublier, quand on est vertueux.

CHAPITRE XV.

SYNTAXE DU PRONOM.

EMPLOI DES PRONOMS PERSONNELS.

Les pronoms *je*, *me*, *moi*, s'appliquent aux personnes,
Ainsi que *tu*, *te*, *toi* : voilà ce que *tu* donnes.
Je me plains de ton cœur trop peu reconnaissant.
Tu te fais un plaisir de rester ignorant.
Mais *il*, *le*, *la*, *les*, *ils*, se rapportent aux choses,
Aux personnes enfin, vous en sentez les causes :
Ce *terrain* est inculte, il faut *le* défricher ;
Ce *marais* est bourbeux, il faut *le* dessécher ;
Ces *melons* viendront beaux, pour peu qu'on *les* arrose ;
Son *teint* est si vermeil, qu'il ressemble à la rose.
Le pronom *elle* aussi, quand il est en sujet
Ou bien en complément, de la chose est l'objet :
Cette *lame* si fine, et dont vous faites fête.
Elle paraît jadis la plus modeste bête.
La rivière avec *elle*, entraîne dans son cours,
Tout ce qu'*elle* rencontre en ses nombreux détours.
Si par *en* par *y* ce pronom se remplace,
Il faut avoir le soin de le mettre à sa place ;

Ainsi ne dites pas , parlant d'une maison :
Je m'assis *tout près d'elle*, et perdis la raison
Mais : je m'assis *auprès*, afin de vous complaire ;
Ou je m'*y* suis assis sans faire de mystère.
Se, pronom réfléchi doit s'employer toujours
Pour la personne enfin ou la chose, au discours.
Cette femme *se* plaint, la fleur *se* décolore ;
Ma sœur *se* réjouit, le salon *se* décore.
Soi, mis pour la personne, aussi peu convenir ;
Si le sujet est vague, on devra s'en servir :
Parler souvent de *soi*, n'est pas l'avis du sage.
Chacun pense pour *soi*, dit un ancien adage.
S'il se dit de la chose, il peut également
Avec le défini s'employer très-souvent :
Le vice est odieux de *soi*, je vous assure ;
Mais la vertu de *soi* charme, tant elle est pure !
Avec un nom pluriel *soi* ne peut s'accorder,
Et je dois en passant vous le recommander.

FONCTION DES PRONOMS PERSONNELS.

De même que les noms, les pronoms se soumettent
Aux mêmes fonctions que les règles admettent ;
Ils sont en *apostrophe*, en *régime*, en *sujet*,
Et dépendent alors du motif de l'objet.

RÈGLE.

Les pronoms employés comme sujets s'écrivent
Toujours avant le verbe, et comme tels, ils s'inscrivent.
Lorsque le verbe change, il faut les répéter :
Je dis et *je dirai* qu'on doit s'en contenter.
Je blâme et *je saurai* plus tard faire connaître
Qu'on doit en tous les temps se défier du traître.

Pourquoi donc m'outrager, quand *je fais* mon devoir ?
On est bien exigeant, quand on a le pouvoir !
Le verbe au même temps permet une licence :
Elle prouve et soutient sa parfaite innocence.

DES PRONOMS LE, LA, LES.

Le, la, les, quelquefois deviennent des pronoms,
D'articles qu'ils étaient, placés devant les noms ;
Mais ces pronoms toujours nous les voyons paraître
Auprès d'un verbe actif, qui nous les fait connaître.
Le frère de Monsieur, je ne *le* blâme pas.
La sœur de votre ami, je *la* vis au repas.
Les hommes d'aujourd'hui sont ingrats près des belles ;
Je ne *les connais* plus, tant ils sont infidèles.

RÈGLE.

Le est variable quand il se rapporte à un nom précédé de son article ; invariable, quand il tient la place d'un adjectif ou d'un verbe.

Etes-vous la maîtresse, enfin, de la maison ?
Oui, Monsieur, *je la suis,* avec juste raison.
Vous êtes donc aussi la jeune mariée ?
Je la suis en effet, mon âme en est flattée.
L'amour et l'amitié couronnent mon destin ;
A l'objet de mes vœux je fais don de ma main.
— Ah ! combien vous devez en être satisfaite !
— *Je le suis ;* vous voyez que ma joie est parfaite.
Heureuse en adorant un époux plein d'honneur,
Je le suis doublement en possédant son cœur.
Etes-vous prêts, soldats, on déclare la guerre ?
Nous le sommes ; marchons, volons vers la frontière ;
Des peuples réunis bravons les légions,
Soutenons bien nos droits : Français, *nous le devons.*

PLACE DES PRONOMS PERSONNELS.

M'y ne doit pas se placer après le verbe qui régit le pronom personnel.

Votre carosse est vide, eh bien ! *donnez-m'y place :*
En s'exprimant ainsi, l'on parlerait sans grâce.
Vous allez au jardin, *menez-m'y de bon cœur ;*
Il faut : *donnez-y moi, menez-y moi, ma sœur.*
Mais *m'y*, devant le verbe, a des droits pour se mettre :
Mon destin est affreux, mais il faut *m'y* soumettre.

ACCORD DES PRONOMS.

Les *pronoms* sont du même genre, du même nombre et de la même personne que le nom dont ils tiennent la place.

En parlant de la *tête : elle* me fait grand mal.
On *le* prend pour savant, *il* est original.
Elles sont loin de nous, en butte à l'injustice,
Personne ne leur tend une main protectrice.
Vous, employé pour *tu*, veut le verbe au pluriel,
Mais l'adjectif suivant, singulier, reste tel :
Mon fils, *soyez discret*, mais surtout *soyez sage.*
Clara, *soyez modeste*, on vous rend cet hommage.

Moi-même, toi-même, lui-même, elle-même, soi-même, prennent *s* au pluriel ; excepté quand *nous-mêmes* et *vous-mêmes* se rapportent à un seul individu.

Nous-même avons perdu ce consolant espoir.
Vous-même en êtes loin de ce profond savoir.
Nous-même allons sauver une tête si chère !
Vous-même où seriez-vous sans le pardon d'un père ?

On met une *s* à *même*, il faut s'en souvenir,
Lorsque les pronoms *eux*, *elles*, peuvent s'unir.
On voit les scélérats *mémes* qui parfois blâment
Les vices affligeans qui souvent les condamnent.

PRONOMS POSSESSIFS.

Les *pronoms possessifs le mien*, *le tien*, *le sien*,
Et *le nôtre*, et *le vôtre*, et *le leur*, sont enfin
Supposés précédés d'un nom qui les éclaire;
Mais on blesse souvent notre utile grammaire.
En réponse à *la vôtre*, en date du vingt-huit,
Je vous écris, Monsieur, du présent mois le huit;
Votre honorée est loin de remplir notre attente,
La mienne vous dira la perte de la vente.
On voit avec raison que le bon sens toujours
Repousse du marchand la formule et les tours.
En date du vingt-huit j'ai reçu votre lettre;
Je vous écris, Monsieur, pour vous faire remettre,
D'après le sûr avis que vous nous en donnez,
Le montant des objets que vous nous commettez.
J'ai fait une visite à votre aimable frère;
Je recevrai *la sienne* et celle de son père.

PRONOMS RELATIFS.

Qui, *pronom relatif*, par un effet constant,
S'accorde avec le nom qui sert d'antécédent.
On dit : *moi*, *qui l'ai vu* combattre avec vaillance,
Et lui, *qui l'a connu* plein d'amour pour la France;
Vous, *qui nous avez vus* vingt fois dans les combats,
Vous pouvez nous classer au rang des bons soldats.
C'est un des généraux qui servaient la patrie,
Qui pour leur souverain *sacrifiaient* leur vie.

C'est un des vices qui nuisent assurément,
Et qu'on doit éviter en vivant sagement.
Que s'accorde de même en genre ainsi qu'en nombre
Avec l'antécédent qui lui prête son ombre :
C'est une des vertus *que les ambitieux*
Devraient bien rechercher, pour être plus heureux.
C'est une des maisons *que nous* ont *réclamées*
Les mineurs ayant droit, quoi qu'on les ait payées.
La préposition devant *qui* relatif
Ne peut autoriser, c'est un fait positif,
Qu'il puisse, en aucun cas, se rapporter aux choses ;
Aux personnes, si fait, d'après de justes causes.
Madame, à qui j'ai fait mon petit compliment,
Me regarde, je crois, d'un œil indifférent.
Mais on ne dira pas, en parlant d'un athée :
Les ténèbres à qui son âme est condamnée.

PRONOMS DÉMONSTRATIFS.

Celui-là, celle-là, nous montrent des objets
Qui sont plus éloignés par rapport aux sujets.
Celui-ci, celle-ci, nous désignent d'avance,
Les objets près de nous, voilà la différence.
Lorsque l'on veut citer à la fois deux auteurs,
On les fait distinguer aux avides lecteurs.
Celui-ci doit montrer le dernier personnage ;
Celui-là le premier, la règle suit l'usage.
Descartes, Desmoustiers, d'un savoir différent :
Celui-ci, plein d'esprit, *celui-là* très savant.
Dans des temps éloignés, l'un fit, par son génie,
Ce que l'autre ne put, malgré sa raillerie.

Ce devant le verbe *être*, veut que ce verbe soit au singulier,
excepté devant la 3me personne du pluriel.

C'est lui qui l'a vaincu, *c'est son* bras vigoureux
Qui sut tirer les siens de ce danger affreux.
C'est moi qui vous le dis, et vous pouvez me croire.
C'est toi qui lis le mieux, achève donc l'histoire.
C'est nous qui le voulons, et notre volonté
Fera bientôt sentir sa mâle autorité.
C'est vous qui l'avez dit ; pourquoi vous en défendre ?
A ces détours trompeurs j'étais loin de m'attendre.
Ce sont nos défenseurs qui viennent tous s'offrir ;
Ce sont eux qui sauront toujours vaincre ou mourir.
C'étaient là les soutiens d'un héros plein de gloire ;
Ce seront les premiers au champ de la victoire.
Ce, devant le verbe *être*, est toujours répété :
Ce qui me plaît le plus, *c'est* notre liberté ;
Mais *ce* qui me chagrine, et je puis bien le dire,
C'est de voir la discorde attaquer son empire.

C'est à Dieu *en qui*, *c'est* à vous *à qui*, sont des locutions
vicieuses qu'on ne doit pas employer.

Sachez que c'est en Dieu *que* l'on doit espérer ;
Que c'est lui seul, enfin, *que* l'on doit révérer.
C'est à vous *que* je veux raconter mon histoire ;
Mes malheurs sont réels, et vous pouvez me croire.

Que, placé après un substantif précédé d'une préposition, est
une conjonction, et non un pronom relatif.

C'est un crime vraiment *que* de paraître ingrat
Envers le bienfaiteur qui traite avec éclat.
Ce serait mal agir *que* d'oublier son père ;
Sachons bien respecter ce sacré caractère.

PRONOMS INDÉFINIS.

On est presque toujours suivi d'un masculin :
Cependant il peut l'être aussi d'un féminin.
De son opinion *on doit être le maître.*
On n'est jamais maîtresse, et l'on peut le connaître
Dans les yeux de l'épouse, où se peint la douleur;
On voit bien que l'époux en est souvent l'auteur.
Ah! *lorsqu'on est jolie*, on plaît en apparence;
Quand *on est vertueuse*, on a la préférence.

Après les mots *si, où, et*, il faut faire précéder *on* d'un
avec une apostrophe.

Si l'on savait, Monsieur, ce que vous avait fait,
Vous seriez renvoyé comme un mauvais sujet.
Le pays *où l'on* trouve un appui tutélaire,
Sera toujours celui qui saura le mieux plaire.
J'ai lu dans maint auteur, *et l'on* m'a raconté
Ces faits intéressans et pleins de vérité.
Si l'on savait juger du prix de la science,
On abandonnerait sa honteuse ignorance.
Quiconque est masculin, mais il peut quelquefois
Suivre du féminin les salutaires lois.
On peut donc s'adresser aux dames, et leur dire :
Quiconque assez hardie oserait en médire?
Je saurais, croyez bien, l'en faire repentir.
La femme médisante on ne peut la sentir.

Chacun gouverne *son, sa, ses*, après un verbe dont le sen
est complet, tels que les verbes actifs avec leur régime, ou le
verbes neutres.

Ces écoliers ont fait des réponses précises ;
Chacun, selon son goût, son savoir, ses méprises.....
Ces rois ont opiné *chacun selon son cœur.*
Ces enfans sont tombés *chacun de sa hauteur.*

Chacun gouverne *leur, leurs,* quand il est employé après un verbe dont le sens est incomplet, tels que les verbes actifs séparés de leur régime.

Ces avocats ont fait, *chacun selon leur force*
Des réponses enfin sur l'abus du divorce.
Les Rois ont prononcé, *chacun selon leurs droits,*
Et se sont partagé leurs différens exploits.
Ces enfans ont repris, *chacun selon leur âge,*
Le rang qui leur convient, d'après une loi sage.

DES PRONOMS LEUR ET LEURS.

Quand *leur* précède un verbe, il ne change jamais :
Je leur expliquerai les règles du français.
Je leur ferai savoir cette triste nouvelle ;
Je saurai *leur montrer* sa défense formelle.
Leur est sans *s* aussi devant un singulier.
Leur ami, j'en conviens, devient trop familier.
Leur tristesse provient d'un excès d'injustice ;
Leur père, m'a-t-on dit, ne leur est point propice.
Mais *leur* avec un *s* est distingué toujours,
Devant un nom pluriel : *leurs constantes amours.*
Leurs droits sont assurés, on doit les reconnaître.
Leurs cousins ont reçu les leçons d'un bon maître.

5

CHAPITRE XVI.

❧

SYNTAXE DES VERBES.

Place du Sujet.

RÈGLE.

Sachez que le *sujet*, par un motif puissant ,
Se place avant le verbe assez communément,
Qu'il soit nom ou pronom : *la douce violette*
Est l'emblême parfait de la femme modeste.
La beauté dure peu; la vertu, les talens,
Bravant les coups du sort, *charment* dans tous les temps.
Nous faisons tous des vœux pour avoir la richesse ;
Nous devrions plutôt demander la sagesse.
Vous serez estimé, si vous faites le bien ;
Et *vous serez blâmé*, si vous ne faites rien.

1ᵉ EXCEPTION. — Dans les phrases interrogatives, on place
le pronom qui sert de sujet toujours après le verbe, ainsi que
le nom , quand il est seul.

Pourrai-je lui montrer ma nouvelle satire ?
Lui feras-tu savoir? *préfères-tu* lui dire ?
Irai-je voir mon frère, après un tel affront ?
Et puis-je l'excuser; sa haine me confond ?
Pourquoi rester oisif, et par quelle aventure

Ne cultivez-vous plus la savante peinture.
Le verbe qui précède *il, elle*, ou le mot *on*,
Veut qu'on écrive un *t* devant chaque pronom,
Pour éviter le verbe et la triste rencontre
De la ·voyelle enfin qui sans grâce se montre.
Votre charmant cousin *arrive-t-il bientôt ?*
Viendra-t-elle avec nous jusques à l'entrepôt ?
Aime-t-on les enfans paresseux, indociles :
Pas plus que les oisifs au milieu de nos villes.

On dit *est-ce que je cours ? est-ce que je sens ? est-ce que
je dors ?* au lieu de *cours-je, dors-je, sens-je*, dont la prononciation serait dure et désagréable.

Si *je* se trouve après l'indicatif présent,
Il faut mettre aussitôt sur l'*e* muet un accent.
Aimé-je à critiquer, et jamais mon langage
A-t-il troublé la paix et l'asile du sage ?
A qui *parlé-je* alors, homme peu confiant !
Tu n'oses m'implorer, je t'offre mon argent ;
Va, mon cœur t'est ouvert, *puissé-je* voir paraître
Les mêmes sentimens que je te fais connaître !

2e EXCEPTION. — Le sujet se met aussi après le verbe, quand
on rapporte les paroles de quelqu'un.

Combien je suis heureux, *disait un empereur*,
D'offrir à mes sujets la paix et le bonheur !
Ce dont je suis content, *disait un jour un sage,*
C'est d'avoir eu du ciel les vertus en partage.

3e EXCEPTION. — Après les mots *tel, ainsi.*

Tel était son avis, et les plus beaux discours
N'y pouvaient rien changer, il persistait toujours

Ainsi mourut cet homme, en butte à l'injustice,
Pas un ne lui tendit une main protectrice.

4e EXCEPTION. — Après les verbes unipersonnels.

Il a plu tout le jour, nous n'avons pu sortir.
Il fait un trop grand froid, mon frère pour partir.
Il importe aux vainqueurs de pardonner en frères.
Il faut faire au Seigneur, chaque jour des prières.

ACCORD DU VERBE AVEC LE SUJET.

Deux sujets singuliers veulent le verbe au pluriel; cependant la conjonction *ou* donne l'exclusion à l'un des deux, et le verbe se met au singulier.

Votre argent *ou* le mien *suffit* pour nous nourrir.
La famille *ou* la peste alors *l'a fait* périr.
L'esclavage *ou* la mort *a* donc pour toi des charmes?
Voilà ce qui t'attend, si tu trahis nos armes.
La honte *ou* le malheur ne nous *atteindra* pas.
La gloire *ou* la vertu *saura* guider nos pas.

Lorsqu'une expression réunit plusieurs substantifs en un seul, on emploie encore le singulier.

Biens, grandeurs, dignités, richesses, opulence,
Tout disparaît: la mort fait sentir sa puissance.
Paroles et regards, *tout peut bien enflammer*;
Beauté, candeur, esprit, *tout en vous sait charmer*.
Chez nous, grâce à l'honneur, les biens, le temps, la vie.
On n'en peut disposer, *tout est à la patrie*.

Il faut mettre au pluriel le verbe qui suit *l'un et l'autre*.

L'un et l'autre sont bons, et *doivent* convenir;
L'un et l'autre pourront sans doute parvenir.

L'un et l'autre ont des droits à votre bienveillance.
L'un et l'autre sauront combattre pour la France.

On met au singulier le verbe et l'adjectif qui suivent *ni* répété, quand il n'y a qu'un des deux sujets qui puisse faire ou recevoir l'action exprimée par le verbe.

Ni Monsieur l'Intendant ni Monsieur le Docteur,
Ne sera, j'en suis sûr, à Vienne ambassadeur.
Ni son père ni moi, vous en serez surprise,
Ne mènera, dit-on cette belle à l'église.

Quand les deux substantifs font ou reçoivent l'action en même temps, le verbe et l'adjectif se mettent au pluriel.

Ni vous ni moi, Monsieur, nous ne pouvons changer
Les coups affreux du sort qui viennent l'affliger.
Ni l'or ni la beauté ne sauraient me suffire ;
C'est la vertu, Monsieur, que mon cœur seul désire.

COMPLÉMENT DES VERBES.

Le complément des verbes passifs s'exprime par *de* ou *par.*

L'enfant doux et docile *est constamment aimé*
De ses heureux parens dont le cœur est charmé.
Hélas! *il fut trompé,* d'une manière infâme,
Par l'homme qu'il croyait le plus exempt de blâme.
Mais les verbes passifs s'emploient le plus souvent
Sans qu'on soit obligé d'y mettre un complément :
Rome, fut, en ce temps, plusieurs fois *saccagée,*
Mais *du* peuple toujours *elle fut bien vengée.*

Quand deux verbes ne veulent pas un régime différent, un nom peut être régi par ces deux verbes à la fois.

Mon jeune frère *a plaint et blâmé* son ami :
Il a foulé, détruit, l'antre de la fourmi.

Mais on ne dira pas, par une juste cause,
Cet homme *avait parlé, demandé* peu de chose.

EMPLOI DES TEMPS ET DES MODES.

Le prétérit défini ne s'emploie qu'en parlant d'un temps entièrement écoulé. On ne dit pas *j'écrivis aujourd'hui, cette semaine, cette année*, parce que *le jour, la semaine, l'année* ne sont pas encore passés.

D'un illustre vainqueur la gloire et les exploîts
Glacèrent de terreur les peuples et les rois :
Il parut, et l'honneur, au milieu de la France,
Soumit les nations à sa haute puissance.
Lui, que le monde entier *eut* peine à contenir,
Sur ce sol, qui l'*eût dit*, qu'un jour il *dût* finir !

Le prétérit indéfini s'emploie également pour un temps entièrement passé, ou pour un temps dont il reste encore quelque chose à s'écouler.

J'ai pu parler de lui, mais sans lui faire injure ;
Je n'en ai jamais dit que du bien, je vous jure.
Ce matin, *j'ai montré* ce portrait à ma sœur.
Hier, *je vous ai lu* les vers de cet auteur.
Un jour de la semaine, *on a fait* ce partage,
Et chacun a *reçu* sa part de l'héritage.

LE MODE SUBJONCTIF S'EMPLOIE :

1o Après une interrogation qui exprime le doute.

Pensez-vous, mon ami, d'après ces sages lois,
Que Dieu *n'ait pas voulu* prescrire à tous les Rois
De régner par amour, et non par politique,
Quand pour l'abeille, enfin, il fit la république ?

2₀ Après une proposition négative, qui exprime le doute.

On *ne pense* donc *pas qu'il venge* son parent?
On ne craint pas qu'il vienne, il doit être content.
Pour *qu'il ne puisse* plus vous faire aucune injure,
Il faut bien démasquer sa perfide imposture.

3₀ Après *qui, que, lequel, dont,* et *ou,* lorsqu'ils sont précédés d'une proposition qui interroge ou qui marque un doute, un désir, une condition; ou encore d'un adjectif au superlatif.

Est-il quelqu'un de vous *qui n'en sente* l'effet?
Il n'est rien qu'il ne fasse encore à ce sujet.
Choisis une retraite où tu vives tranquille.
Il est bien plus prudent que tu quittes la ville.
Le meilleur témoignage, enfin, *qu'on puisse* avoir,
C'est l'estime de tous, en faisant son devoir.

4° Après les verbes unipersonnels.

C'est peu qu'il soit savant, *il faut qu'il soit sincère*.
Il est urgent, mon fils, *qu'on fasse* sa prière.
Il importe surtout qu'on sache votre avis.
Il faut qu'on le ménage, il est de mes amis.

5° Dans les phrases elliptiques, le subjonctif a beaucoup de grâce.

Puissent vos jours, Monsieur, s'écouler sans alarmes,
Au sein d'un calme heureux, loin du bruit et des armes.
Fussiez-vous dans l'abîme, un mot du Tout-Puissant
Vous en ferait sortir glorieux, triomphant.
Puisse le ciel, un jour, m'accorder cette grâce!
Dieu veuille que mon fils *conserve* enfin sa place!

RAPPORT DES TEMPS DU SUBJONCTIF A CEUX DE L'INDICATIF ET DU CONDITIONNEL.

PREMIÈRE RÈGLE.

Si le verbe est au présent ou au futur, on emploie le subjonctif quand on veut exprimer un présent ou un futur; mais on se sert du prétérit, quand on veut exprimer un passé.

Je doute assurément *que vous réussissiez.*
Il est urgent, Monsieur, *que vous lui demandiez.*
Je ferai de mon mieux pour *qu'on puisse* leur rendre.
Je parlerai, pour lui, pour peu *qu'il veuille* attendre.
Je doute que mon père ait montré son écrit.
Je douterai toujours *qu'il ait eu* du profit.

Avec le prétérit défini, on peut employer le présent, s'il exprime une action qui se fait ou peut se faire dans tous les temps.

Je doute qu'il donnât cette lettre à mon frère,
S'il n'était bien *certain* d'en avoir un salaire.
Je doute qu'il souffrît de semblables discours,
S'il était obligé de professer ce cours.
Je douterais toujours *qu'il lui rendit* hommage,
Si je n'étais certain que c'est son avantage.
Je ne croirais jamais *que vous l'eussiez rendu,*
Si je n'avais écrit au gendre prétendu.

DEUXIÈME RÈGLE.

On dirait est un conditionnel qui équivaut à *il semble*, et se rapporte à la première règle, de même que *je ne saurais* qui équivaut quelquefois à *je ne puis.*

Je désirais, Monsieur, *que vous vinssiez* plus vîte.
J'ai souhaité surtout *qu'il vous fît* sa visite.

J'avais écrit cela pour *qu'il montrât* ses droits ;
Mais *je désirerais qu'il fît* d'autres exploits.
J'aurais voulu qu'il vînt avec nous à la chasse.
J'eusse alors *préféré qu'il conservât* sa place.
Je désirais surtout *que vous fussiez venu.*
J'ai souhaité cent fois *qu'on vous eût mieux connu.*
J'avais donné cet ordre, *il eût dû* s'y soumettre.
Moi, *je désirerais qu'on ait pu lui* permettre.
J'aurais voulu dès-lors *qu'il se fût moins montré.*
J'eusse alors *désiré qu'il s'y fût rencontré.*

On emploie l'imparfait du subjonctif au lieu du présent, et le plus-que-parfait au lieu du passé, s'il y a dans la phrase une expression conditionnelle.

·C'est pour *que nous l'aimions* que Dieu nous donna l'être.
Et pour *que nous servions* ce respectable Maître.

Si le verbe est à l'imparfait, au prétérit, au plus-que-parfait ou au conditionnel, on emploie l'imparfait du subjonctif si l'on veut exprimer un présent ou un futur; et le plus-que-parfait, si l'on veut exprimer un passé.

On dirait que le sort *veuille* encor l'accabler.
Qui dirait qu'il ait pu le faire ainsi trembler?
Je ne saurais, Monsieur, plaider la moindre cause
Sans que vous *n'y trouviez* à dire quelque chose.

CHAPITRE XVII.

SYNTAXE DES PARTICIPES.

ACCORD DU PARTICIPE PASSÉ AVEC LE NOMINATIF OU LE SUJET.

Du participe ici je vais tracer les lois,
Et vous montrer enfin sa puissance et ses droits.

1re RÈGLE.

Lorsque le *participe* est soumis au verbe *être*,
Il est dit variable, on peut le reconnaître ;
Et s'accorde toujours avec son seul sujet,
En genre, en nombre, étant le motif de l'objet :
L'ennemi fut vaincu, sa flotte fut détruite :
Honteux d'être défait, il prit soudain la fuite.
Le Français *s'est montré* partout victorieux ;
L'Univers retentit de ses faits glorieux.
La modeste *pudeur* d'une *femme honorée* ;
Même des libertins *fut* toujours *révérée.*
Mais *la rose est fanée*, et son vif incarnat
Pâlit au seul toucher, et perd tout son éclat.
Les peuples sont ligués, dit-on, pour nous combattre ;
Quels que nombreux qu'ils soient, ils ne pourront nous battre.
Nos braves ont été reconnus les plus forts.
Que *d'ennemis vaincus sont restés* chez les morts !
Les victoires alors suivirent nos armées ;
C'est sous Napoléon *qu'elles furent gagnées.*
Ce *héros valeureux*, vainqueur de tant de Rois,
S'est alors illustré par des brillants exploits.

Ces dames ont été chez vous fort bien *reçues.*
Vos savantes leçons n'ont point été conçues.

2me RÈGLE.

Mais, quand au verbe *avoir*, on voit qu'il se soumet ;
Le participe alors s'écarte du sujet :
Il est invariable, et chacun doit l'écrire
Tel qu'il se montre, car nul n'a sur lui d'empire.
Le peuple a proclamé, d'une commune voix,
Un héros qui bientôt a soutenu nos droits.
Les dignes *combattans ont brisé* nos entraves.
Les palmes ont orné le noble front des braves.
D'indignes *citoyens avaient trahi* l'honneur ;
Les sujets opprimés ont montré leur valeur.
La sainteté des lois *a soutenu* nos armes.
Leur bienfaisant aspect a su tarir nos larmes.
Mars a tendu les bras au Français accablé :
Les puissances du Nord à sa voix *ont tremblé.*

3me RÈGLE.

Mais, si le verbe *avoir* se joint au *participe* ,
Il s'accorde toujours, et tel est ce principe,
Avec son complément ou régime direct,
Quand il se trouve avant, car il est l'objet.
Vous refusez *sa main*, quand *vous l'avez promise.*
Dites-moi, *quelle affaire avez-vous entreprise ?*
Les pleurs que j'ai versés n'ont pas touché son cœur.
Les biens que j'ai vendus ont causé mon malheur.
Mais ces conventions, que vous avez trahies,
De vos folles erreurs sont-elles démenties ?
Vous les avez chassés, que vous avaient-ils faits?
Vos enfans seront donc privés de ce bienfait !
Les places, en un mot, *que vous avez promises*,
Tous ces gens en faveur *ne les ont point acquises.*

4me RÈGLE.

Si le régime enfin se trouve mis après,
Le participe alors ne s'accorde jamais;
Il est invariable, et la règle est certaine :
On doit le distinguer, que chacun s'en souvienne.
J'ai reconnu mes torts, je me suis corrigé.
J'ai servi mon pays, je m'étais engagé.
Nous avons habité très-longtemps l'Angleterre.
Nous avons parcouru presque l'Europe entière.
Elles ont demeuré dix ans dans ce pays.
Elles ont soulagé même leurs ennemis.
Vous avez méconnu les leçons de vos maîtres.
Ils ont parlé du rang de leurs nobles ancêtres.
Elles ont accordé cette somme à l'auteur.
Elles avaient appris leur syntaxe par cœur.

DU PARTICIPE PASSÉ DES VERBES RÉFLÉCHIS, RÉCIPROQUES, PRONOMINAUX.

Le participe, ici, se trouve variable,
D'un verbe réfléchi, réciproque et semblable,
Lorsqu'enfin le pronom est régime direct;
Mais il ne change point pour tout autre sujet.

RÉGIME DIRECT, PARTICIPE VARIABLE.

Elle s'est proposée aussitôt pour modèle.
Elle s'est mise en blanc, pour paraître plus belle.
Nous nous sommes rendus maîtres de leurs drapeaux.
Nous nous sommes donnés tous les deux pour jumeaux.

RÉGIME INDIRECT, PARTICIPE INVARIABLE.

Elle s'est proposé d'enseigner la grammaire;
Elle s'est mis, Monsieur, dans l'esprit de le faire.

Nous nous sommes rendu le ton original.
Nous nous sommes donné pour lors beaucoup de mal.
Le participe aussi des verbes réciproques
S'applique aux mêmes cas, sans faire d'équivoques.
Ils s'étaient entrepris, ils s'étaient fait du bien,
Ils s'étaient méconnus, et se sont nui pour rien.
Tous deux se sont battus, se sont dit des injures,
Et se sont fait, dit-on, plusieurs égratignures.
Pour les pronominaux, ils suivent le sujet,
S'accordent avec lui, le sens étant direct.
Les feuilles, à ce vent, *se sont bien détachées.*
Les cordes du violon *se sont,* je crois, *lâchées.*
Mais la vigne *s'est plue* en ce riant côteau.
Ils se sont emparés soudain de son château.

DU PARTICIPE PASSÉ SUIVI D'UN VERBE A L'INFINITIF :
VARIABLE, QUAND IL EST LE RÉGIME DU PARTICIPE
PASSÉ ; INVARIABLE, QUAND IL L'EST DE CET IN-
FINITIF.

C'est la lampe, mon fils, *je vous l'ai vu éteindre.*
C'est cette femme aussi *que j'ai souvent vu peindre.*
C'est la femme *que j'ai reconnue écouter.*
Voilà bien la chanson *que j'aurais dû chanter,*
Cette nuit je l'ai vue arriver en voiture.
Elle avait entendu raconter l'aventure.

DU PARTICIPE PASSÉ ENTRE DEUX QUE, TOUJOURS
INVARIABLE.

Les raisons *que j'aurai cru que* vous approuviez.
Les roses *que j'avais pensé que* vous vouliez.
Chose *que j'avais craint,* Monsieur, *que* l'on vous dise.
La somme *que j'ai su que* vous aviez remise.

DU PARTICIPE PASSÉ JOINT A UN INFINITIF PRÉCÉDÉ D'UNE PRÉPOSITION, QUI SUIT LA MÊME RÈGLE DU PARTICIPE PASSÉ SUIVI D'UN INFINITIF.

Les soldats *qu*'on a tous *contraints à voyager*.
Les amis qu'on a *vus* tous *prêts à s'engager*.
C'est la somme *que j'ai conseillé de reprendre*.
C'est l'habitation *que j'ai tâché de vendre*.

DES PARTICIPES PASSÉS FAIT ET LAISSÉ, DONT LE PREMIER EST TOUJOURS INVARIABLE DEVANT UN INFINITIF ; ET LE SECOND, VARIABLE SEULEMENT QUAND IL EST SUIVI D'UN VERBE NEUTRE.

Monsieur, c'est le château que j'ai *fait réparer*.
C'est un très-bon dîner que j'ai *fait préparer*.
Je l'avais *fait tomber*; je l'avais *fait connaître*.
Il l'avait *fait nommer*; je l'ai *fait disparaître*.
C'est ici la prison que j'ai *laissé bâtir*.
Voilà la jeune enfant qu'on a *laissée pâlir*.
Mais vous l'avez *laissée aller* à la campagne.
Pourquoi l'avoir *laissée arriver* sans compagne.

DU PARTICIPE PASSÉ JOINT AU VERBE AVOIR PRÉCÉDÉ DU MOT EN, INVARIABLE, A MOINS QU'IL NE SOIT LUI-MÊME PRÉCÉDÉ D'UN AUTRE RÉGIME.

Il a fait plus d'exploits que vous n'*en avez lu*.
Ils avaient plus d'enfants qu'ils n'*en auraient voulu*.
Ces femmes *en on dit* beaucoup plus, je vous jure;
On *en a beaucoup ri* : la drôle d'aventure!
La faveur que j'*en ai reçue*, est un emploi
Qui me rend en ce jour plus fortuné qu'un roi.

La vengeance, Monsieur, que j'en *avais tirée*
M'avait fai l'ennemi de toute la contrée.

DU PARTICIPE PASSÉ JOINT AU VERBE AVOIR PRÉCÉDÉ DU MOT LE, INVARIABLE QUAND LE RELATIF LE SE RAPPORTE A UN ADJECTIF; VARIABLE, SI LE SE RAPPORTE A UN SUBSTANTIF.

De sa mauvaise humeur *je l'avais prévenu*;
Sa sœur est obligeante, et *je l'ai reconnu*.
Votre langue, Monsieur, *vous l'avez négligée*.
Cette affaire, pourquoi *l'avez-vous mal jugée?*

DU PARTICIPE PASSÉ DES VERBES UNIPERSONNELS, IL A FAIT, IL Y A EU, INVARIABLE.

Les chaleurs qu'il a fait pendant tout cet été.
Somme qu'il eût fallu remettre au député.

DU PARTICIPE PASSÉ DES VERBES NEUTRES INVARIABLES.

De la manière enfin dont a parlé Madame,
Elle n'a rien, je crois, qui pèse sur son âme.
Quelles sommes, Monsieur, ce procès m'a coûté!
Les jours que j'ai vécu sous votre autorité
Rappellent à mon cœur des *momens pleins de charmes*,
Et de plaisir, Monsieur, j'en verse encore des larmes.

CHAPITRE XVIII.

SYNTAXE DES PRÉPOSITIONS.

RÉPÉTITION DES PRÉPOSITIONS.

Lorsque plusieurs noms se suivent, les prépositions doivent se répéter devant chaque nom en régime.

Elle a *de* la douceur, *des* grâces, *de* l'esprit,
De la sincérité, *des* talens, *du* crédit.
En Europe, *en* Asie, et même *en* Amérique,
L'argent est en effet un passe-port unique.

On ne les répète pas, quand les noms sont à-peu-près synonymes.

A travers les dangers, les obstacles nombreux,
Par la force et l'ardeur nos soldats courageux,
Pleins d'intrépidité, sur le char de la gloire
Ont enchaîné vingt fois l'honorable victoire.

EMPLOI DE QUELQUES PRÉPOSITIONS.

1° Ne confondez pas *autour* et *à l'entour* : *autour* est une préposition suivie de son régime ; *à l'entour* est un adverbe.

Autour d'un trône assis, on peut, avec éclat,
Admirer les vertus d'un sage potentat.
L'auguste souverain est assis sur son trône,
Et ses fils *à l'entour* soutiennent sa couronne.

2° *Avant* est une préposition suivie de son régime ; *auparavant*, un adverbe.

Avant l'âge, mon fils, tu ne peux rien avoir.
Il faut *auparavant* que vous veniez me voir.

3° *Au travers* est suivi de la préposition *de ; à travers* n'en est pas suivi.

Au travers de ces bruits, il tremble pour sa tête.
A travers les vaincus, il poursuit sa conquête.
On dit *à travers champs*, il bat les ennemis,
Et vient goûter la paix au sein de son pays.

4° *Devant* est toujours une préposition qui a un régime exprimé ou sous-entendu; *devant* ne peut être suivi de *que*. On ne dit pas : *devant qu'il arive*, mais *avant qu'il arrive*.

On le fit comparaître alors *devant le juge*.
Je le dis *devant tous*, il faut qu'on vous l'adjuge.
Si vous êtes pressé, ma foi, marchez *devant*.
Avant que de partir, parlez-moi franchement.

5° La préposition *près de* signifie sur *le point de ;* l'adjectif *prêt à* signifie *disposé à.*

Je suis *près de le voir*, ce cher fils que j'adore.
Je suis *prêt à partir*, ami, voici l'aurore.
Il est *près de faillir*, il faut que vous l'aidiez.
— Je n'ai point attendu que vous me commandiez.
Je sui *prêt à marcher* au champ de la victoire;
Guerriers, suivez mes pas, et volons à la gloire.

A la campagne; en campagne : être en campagne, ne se dit que des troupes.

Je vais *à la campagne*, y voulez-vous venir ?
En campagne, soldats, quel brillant avenir.
Ami, qu'on est heureux, tranquille *à la campagne*,
Lorsqu'on a près de soi sa charmante compagne!
L'armée est *en campagne*, et brave le trépas;
Portons-lui des secours, précipitons nos pas.

6º *Être à la ville*, signifie n'être pas à la campagne, et *être à la ville*, marque qu'on n'est pas chez soi.

Monsieur est *à la ville*, et Madame en Bretagne ;
Son beau-frère est *en ville*, et son fils l'accompagne.
A la ville mon fils est allé ce matin ;
On vient de l'inviter à ce brillant festin.
J'ai besoin de François, on dit qu'il est *en ville*;
Il est donc le valet de toute la famille ?

7º *Tomber par terre* et *tomber à terre*. Ce qui tient à la terre o y touche par quelque partie, *tombe par terre* : un homme, un ar bre, etc. Ce qui est élevé au-dessus de la terre, sans y toucher, *tomb à terre* : *un fruit attaché à l'arbre, une tuile qui tombe d'u toit*, etc.

Il est tombé *par terre* : un vent impétueux
Vient de déraciner cet arbre vigoureux.
Cet enfant imprudent vient de tomber *par terre ;*
Loin de le soulager, vous riez au contraire.
Quand le fruit tombe *à terre*, on voit bien qu'il est mûr.
La tuile tombe *à terre*, il faut couvrir ce mur.

CHAPITRE XIX.

SYNTAXE DES ADVERBES.

EMPLOI DE QUELQUES ADVERBES.

Pas énonce la négative, et souvent ne nie la chose qu'en partie ou avec modification ; *point* l'affirme, et nie la chose toujours absolu- ment et sans réserve.

Je ne suis *pas* bien riche, et ne dois *pas* lui plaire,
Car je n'ai même *pas* l'absolu nécessaire,

Mon fils n'a *point* d'argent; s'il n'avait *point* d'esprit,
Je n'approuverais *point* qu'on louât son écrit.
Ne *pas*, mis avec rien, est un faute grave;
Tâchez, en écrivant, d'éviter cette entrave.

PLUS ET DAVANTAGE.

Davantage ne peut être suivi de la préposition *de*, ni de la conjonction *que*. On ne dit pas : il a *davantage* d'esprit que de fortune, mais il a *plus* d'esprit que de fortune. *Davantage* ne peut s'employer que comme adverbe.

Il a *plus* de bonheur encor *que* de savoir.
Il a bien *plus* d'enfans *qu'il* n'en voulait avoir.
La science est vraiment d'un très-grand avantage,
Mais la vertu, mon fils, l'est encor *davantage*.

Mal parler est contre la morale; *parler mal* est contre la grammaire.

C'est mal parler, Monsieur, vous n'y pensez donc pas?
Tous ces discours galans ont pour moi peu d'appas.
C'est parler mal, mon fils, ta phrase est équivoque,
La grammaire, à bon droit, la blâme et la révoque.

On dit *hier matin*, *demain matin;* mais il faut dire *hier au soir*, *demain au soir*.

Je pars *demain matin*, et je viens pour vous voir;
Je pense revenir, Monsieur, *demain au soir*.
Demain matin j'irai vous rendre visite.
J'étais, *hier au soir*, encore à sa poursuite.

Si est quelquefois adverbe, et se place devant un adjectif, un participe passé ou un adverbe.

Il est *si généreux*, qu'il se ruine en bienfaits;
Mais il est *si prudent*, qu'il n'en parle jamais.

Il est *si mal-adroit*, que parfois on l'abuse,
Et son cœur est *si bon*, qu'il ne voit pas la ruse.

Tout-à-coup veut dire : *soudainement, en un instant, sur-le-champ. Tout d'un coup* signifie *en une fois.*

Tout-à-coup il s'enflamme, et le cœur irrité,
Il porte sur son frère un fer ensanglanté,
Le retire fumant, le tourne sur lui-même,
Se perce *tout d'un coup* dans ce péril extrême.

Dedans, dehors, dessus, dessous, sont adverbes et sans régime.
On ne dit pas *dehors de la ville*, ni *dedans la chambre.*

Monsieur est *dans sa chambre* il est incommodé;
Il est *hors de péril*, et vous a demandé.
Dans un calme parfait il passe ainsi sa vie;
Il est *hors de la ville*, et vit exempt d'envie.
Vous l'avez mis *dehors*; fermez-vous *en dedans.*
Prenez-en *le dessus. Les dessous* sont fréquens.

Il ne faut pas employer *ici* pour *ci :* on ne dit pas *ce temps ici, ce jour ici.*

Vous voudriez savoir pour qui mon cœur soupire;
Mais dans ce *moment-ci* je ne puis vous le dire.
Il faut, dans ce *temps-ci*, ménager son argent.
Ces jours-ci j'ai vendu tout mon drap au comptant.

CHAPITRE XX.

—

SYNTAXE DES CONJONCTIONS.

Quelques *Conjonctions* veulent que l'on écrive
Le verbe au subjonctif, la règle est positive

D'autres prennent toujours l'indicatif présent;
Je n'en parlerai point, car on peut aisément
Savoir les distinguer, mais je ferai connaître
Celles qu'un subjonctif à bon droit fait paraître.
Il faut en pareil cas n'être jamais ingrat,
Soit qu'on ait à se plaindre ou non d'un magistrat.
On a droit de blâmer cette jeune étrangère,
Sans qu'on puisse accuser la rigueur de son père.
Tout est rompu pour nous, il faut l'en prévenir,
Si ce n'est que l'argent qui doive nous unir.
Quoique vous l'oubliez, il pense à vous encore :
Peut-on toujours haïr celui qui nous adore !
Jusqu'à ce que mon fils ait l'âge de raison,
Je ne permettrai pas qu'il quitte la maison.
Mais, à moins qu'il soit riche, il ne peut y prétendre.
Pourvu qu'on le lui dise, il saura vous attendre.
Supposé qu'il vous ait fait part de son dessein,
Pouvez-vous affirmer que le fait soit certain ?
Avant que de partir il faut que je vous dise
Ce secret important que vous doit ma franchise,
De crainte que, plus tard, vous n'accusiez mon cœur
D'un lâche procédé qui blesse mon honneur.
Je souhaite, Monsieur, *que mon aveu sincère*
Puisse enfin éclaircir cette importante affaire;
Je doute *qu'un ami plein de sincérité,*
Vous traite, en pareil cas, avec plus de bonté.

CHAPITRE XXI.

DE LA CONSTRUCTION.

L'arrangement des mots qui sert à la pensée
Pourrait choquer souvent notre oreille blessée ;
Si la construction , par sa puissante voix,
N'imposait au discours ses bienfaisantes lois.
Il convient donc ici, pour être intelligible ,
De suivre du droit sens la règle imprescriptible.
De la construction , quand l'objet est direct,
Il faut premièrement énoncer le sujet ,
Le verbe et le régime, et les diverses choses
Qui complètent la phrase, en expliquent les causes :
Le grand Napoléon termine son destin ,
Et le vainqueur des Rois meurt sous leurs coups lointains.
Mais la construction enfin devient inverse,
Quand l'ordre, interrompu, permet qu'on la renverse :
Il fut de ses sujets le monarque adoré ;
Chacun bénit encor ce père révéré.
Enfin elle est entière ou bien est elliptique ;
Quand le total des mots ensemble ou non s'applique :
Mon fils est arrivé depuis hier au soir ;
Il doit partir demain : puissé-je le revoir !

CHAPITRE XXII.

DE LA PONCTUATION.

La ponctuation nous indique les pauses
Qu'on fait dans le discours, pour en saisir les causes :
La virgule (,) se met après les substantifs ,
Les verbes répétés et tous les adjectifs ;
Pour distinguer le sens des phrases assorties.
La candeur, la bonté, se peignent dans ses traits ,
Et son front virginal brille de mille attraits.
La vertu l'orne encore et lui donne des charmes ;
L'amour, en la voyant, lui rend enfin les armes.
L'honneur est sa divise, et l'humble liberté
L'excite , le conduit, fait sa célébrité.
Dirigeant , soutenant son immortel courage ,
D'un combat incertain lui donne l'avantage.
Le citoyen zèlè , l'intrépide soldat ,
Le poète savant, l'intègre magistrat ,
Servent également leur prince et leur patrie.
Pour la patrie , on sait qu'ils donneront leur vie.
Mais *le point et virgule* (;) avertit l'écrivain
Du sens d'une autre phrase, et l'éclaircit enfin :
Cette phrase dépend toujours de la première,
La complète, et la rend beaucoup plus régulière.
Dans vos discours , Monsieur, dites la vérité,
Afin que vous soyez toujours bien écouté.

Le destin m'a fait roi, je vous prends pour ma reine ;
Sur mon cœur vous pouvez régner en souveraine.
Les *deux points* (:) sont placés après un sens direct,
Suivi d'un autre enfin qui le rend plus complet :
Cette citation éclaircit une phrase ;
Mais tout en l'étendant, il n'y faut point d'emphase.
D'un avenir fatal, méfions-nous, Français :
Car qui peut s'assurer d'être toujours en paix ?
Des Souverains du Nord nous excitons l'envie ;
Ils vont fondre sur nous, défendons la patrie.
Le *point* (.) se met toujours après un sens fini :
Cet enfant a manqué son père l'a puni.
De l'immortel héros honorons la mémoire !
Trois jours, pour les Français, suffisent à leur gloire.
Il est encore un point c'est l'*Interrogatif* (?);
Puis enfin le dernier, qu'on nomme *Exclamatif* (!).
Le premier sert toujours lorsque l'on interroge :
Avez-vous entendu sonner la grosse horloge ?
Pourquoi cette rumeur ? Où courez-vous soldats ?
Vous croyez-vous vaincus ? Où portez-vous vos pas ?
Le *point exclamatif* exprime la surprise,
La terreur, la pitié : *Quelle folle entreprise !*
Mon cher enfant n'est plus ! ah ! grand Dieu ! quel mal-
[*heur !*

Mais il meurt pour son Roi, pour mon sang quel honneur !...

FIN.

Toulouse, Typographie de DELSOL.

CE ,

facile
ce utile,

www.ingramcontent.com/pod-product-compliance
Lightning Source LLC
Chambersburg PA
CBHW052035270326
41931CB00012B/2492